Viagem Através do Cotidiano
Um Psicanalista e as Paisagens da Vida

MARCELO MORAES FORONES

Viagem Através do Cotidiano
Um Psicanalista e as Paisagens da Vida

Casa do Psicólogo®

© 2002 Casa do Psicólogo Livraria e Editora Ltda.
É proibida a reprodução total ou parcial desta publicação, para qualquer finalidade, sem autorização por escrito dos editores.

1ª Edição
2002

Editores
Ingo Bernd Güntert e Silésia Delphino Tosi

Produção Gráfica
Renata Vieira Nunes

Capa
Gabriela M. M. Forones

Editoração Eletrônica
Angélica Gomes Borba

Revisão
Eliete A. de Carvalho

Dados Internacionais de Catalogação na Publicação (CIP)
(Câmara Brasileira do Livro, SP, Brasil)

Forones, Marcelo Moraes
Viagem através do cotidiano : um psicanalista e as paisagens da vida / Marcelo Moraes Forones. — São Paulo : Casa do Psicólogo, 2002.

Bibliografia.
ISBN 85-7396-198-8

1. Comportamento humano 2. Conduta de vida 3. Psicanálise 4. Psicologia clínica I. Título.

02-3816   CDD-150.195

Índices para catálogo sistemático:
1. Psicanálise : Psicologia   150.195

Impresso no Brasil
Printed in Brazil

Reservado todos os direitos de publicação em língua portuguesa à

Casa do Psicólogo® Livraria e Editora Ltda.
Rua Mourato Coelho, 1.059 – Vila Madalena – 05417-011 – São Paulo/SP – Brasil
Tel.: (11) 3034.3600 – E-mail: casadopsicologo@casadopsicologo.com.br
http://www.casadopsicologo.com.br

Sumário

Agradecimentos 11
Introdução 13
As Turbulências Normais do Matrimônio 17
O Desafio das Crises 19
Scrooge e Nós 21
São Demais os Perigos Desta Vida 23
A Hora e Vez da Preguiça 25
Davi e Golias 27
Perder é Crescer 29
Os Domadores 31
A Praga da Burocracia 33
Plantação de Tiranos 37

O Balanço do Desejo 39

Gênios da Compaixão 41

A Invenção das Mães 45

Wilde e as Mulheres 47

A Mãe que Afaga 49

Harry e o Poder 51

Armaduras da Solidão 53

Pais de Olho Gordo 57

Não Basta Ser Pai 59

O Prazer da Ajuda 61

Nós Fomos Jovens 63

Proust e o Fim do Mundo 65

O Filé da Vida 69

Inevitável Amor 73

Na Masmorra das Paixões 75

O Espectro da Recuperação 79

Mulheres Desencantadas 83

Um Século de Sonhos 85

Solidários no Sucesso 89

Ingratidão 91

Fazer e Manter 93
Escultores do Futuro 95
O Segredo do Fracasso 97
Mulheres de Fogo 99
Nas Vésperas do Trabalho 101
Os Loucos são os Outros 103
Transfusão de Sonhos 105
Os Velhos do Brasil 107
Fugir do Passado 111
O Peso da Culpa 113
O Pau-de-sebo 115
O Duelo dos Humildes 117
Erros Indispensáveis 119
Bach no Espaço 121
Lições do Fracasso 123
Mistérios do Amor 125
A Auto-inveja 127
Galanteio, Cantada e Assédio 129
A Sonegação da Cultura 131
Beleza e Amor 133

Saudades de Eleição	135
O Sonho do Arquiteto	137
O Avesso da Mentira	139
A Reforma Conjugal	141
A Sublimação de Maria	143
Qualquer Dia é Natal	145
Por um Milênio Inteiramente Novo	147
Vestibulares, Corações e Mentes	149
Auto-ajuda que Ajuda	151
Os Amores Proibidos de Eça de Queiroz	153
Os Faróis da Rua Augusta	155
O Tempo da Tecnologia	157
Maioridade e Maturidade	159
Criatividade X Violência	161
A Tragédia da Arrogância	163
Corações à Solta	167
Um Justo	169
As Almas Sisudas	171
Com a Mente no Corpo	173
Narciso Apaixonado	175

As Faces da Angústia 177

Filosofia dos Erros 179

O Discreto Charme do Adultério 181

Melodia Cerebral 185

Treino é Treino 187

Confesso que Roubei 191

O País nas Trevas 193

As Damas da Noite 197

Rio Corrente 201

Palavras ao Vento 203

Discutir a Relação 205

As Sementes da Loucura 207

Driblando o Amor 209

Em Defesa da Psicodiversidade 211

Debaixo do Sentido da Vida 213

Agradecimentos

Coube a Fernando Mitre, justamente celebrado jornalista, a iniciativa audaciosa de abrir espaço, no *Jornal da Tarde*, para abrigar comentários de psicanalistas acerca do cotidiano. Foi a colega Maria Ângela Gomes Moretzsohn, cuja amizade me honra e enriquece há anos, quem sugeriu a Mitre o nome de nosso grande amigo e colega Antonio Luiz Serpa Pessanha, para ocupar o posto de titular daquela coluna.

Graças à sua imensa generosidade, Pessanha surpreendeu-me com o convite para repartirmos aquela tarefa. Não bastasse esse gesto inesquecível de amizade e confiança, ele foi, ao longo da nossa parceria no jornal, colaborador assíduo, interlocutor estimulante e leitor fiel de cada um de meus artigos. Sem sua participação intensiva, este livro talvez até pudesse vingar, mas não teria o valor precioso que adquiriu na minha trajetória pessoal.

Contei com um fã-clube doméstico, composto pela Dra. Nora Manoukian Forones, minha esposa, e por minhas filhas Gabriela e Mariana. Além de divulgadoras entusiasmadas de meu trabalho, elas foram leitoras pacientes de muitos de meus esboços, contribuindo com sugestões sempre argutas, imparciais e afetuosas, que enriqueceram sobremaneira a minha escrita.

Também fizeram parte da história deste livro toda a equipe do *Jornal da Tarde*, particularmente os jornalistas Pedro Autran, editor do *Caderno de Domingo*, e Denise Akstein. O incansável trabalho deles, aliado ao das secretárias Cleuza de Sousa e Luciana Bezerra de Sousa fizeram, do meu convívio com a Imprensa, uma experiência sem um contratempo sequer. A fonte principal de todo o conhecimento que me serviu de base para escrever esta obra foi o contacto diário com meus clientes. Por intermédio deles, aprendo continuamente. Estou certo de que esse aprendizado está contido em cada palavra dita ou escrita por mim. Embora o dever me obrigue a mantê-las no anonimato, desejo expressar meu agradecimento a todas as pessoas que me tem delegado sua esperançosa confiança.

Tive o privilégio de receber diversas mensagens de incentivo e aprovação dos leitores do jornal. Na impossibilidade de nomear todos, gostaria de lembrar duas pessoas: Adele Pagni Lacotis e Maricy Vasconcelos. Ao registrar a simpatia e o interesse com que ambas me presentearam, estendo meu agradecimento a todos os demais leitores, na certeza que a sua generosa atenção é o mais gratificante prêmio ao meu trabalho.

INTRODUÇÃO

Este livro consiste na reunião de todos os artigos que publiquei na coluna *Comportamento* do *Jornal da Tarde*, entre novembro de 1998 e maio de 2001, além de oito artigos inéditos. Decidi reproduzi-los na sua ordem original, sem reuni-los em blocos temáticos nem introduzir modificações substanciais no texto.

Todos os artigos foram concebidos visando o público leigo. O leitor já iniciado no conhecimento psicanalítico poderá, portanto, relevar a presença de explicações que lhe pareçam óbvias e dispensáveis, quer sobre temas da Psicanálise, quer sobre assuntos de interesse de outras disciplinas.

Busquei escrever sobre aspectos da vida comum cuja natureza pudesse casar meu interesse pessoal com o possível interesse do público. Dei preferência aos temas que permitiam uma abordagem condensável dentro dos limites de espaço da coluna. Graças à liberdade que a editoria do jornal me concedeu, não atrelei a eleição do conteúdo ao noticiário corrente, fazendo-o sempre que julgava conveniente e viável.

Comecei a escrever motivado pela possibilidade de divulgar as contribuições da Psicanálise através da abordagem de situações cotidianas. Busquei imprimir em meus textos uma concepção que adquiri em minha prática clínica: utilizei alguns conceitos analíticos básicos como se eles fossem peças componentes de um instrumento óptico (por exemplo, um prisma). Focalizei esse aparelho imaginário em questões habitualmente valorizadas pelo senso comum – tais como casamento, trabalho, paternidade, vida amorosa – para apresentar, ao leitor, minhas observações sobre a imagem que eu percebia delas no prisma psicanalítico. Agindo assim, senti-me bastante à vontade para expressar meus pontos de vista, sem me preocupar com erros ou acertos, nem com a eventual utilidade que minhas idéias poderiam ter para o leitor.

Ao reler os artigos aqui apresentados, notei que acabei transferindo para eles um pouco da recomendação feita por Freud no início de suas análises. Ele pedia para seus clientes que lhe narrassem suas idéias como *"o viajante que vai junto à janela de um vagão e descreve aos seus companheiros como a paisagem vai mudando ante seus olhos."* Afinal, uma vez eleita uma faceta do dia-a-dia, eu também descrevia uma seqüência de impressões que essa paisagem cotidiana despertava em mim.

Aliadas, essas duas propostas facilitaram o surgimento de uma atmosfera de mútua liberdade: fiquei livre para relatar opiniões sobre algumas coisas da vida e penso ter deixado livre o leitor, para considerar minhas opiniões segundo sua própria experiência. Sem esse mínimo de independência recíproca, não creio que eu conseguisse escrever, muito menos publicar, uma palavra sequer. Estou certo de que foi a liberdade de expor minhas idéias para pessoas igualmente livres para ouví-las ou ignorá-las que me conferiu a audácia de torná-las públicas.

"*A verdadeira viagem não consiste em chegar a novas terras, mas em ver com outros olhos.*"

Marcel Proust

As Turbulências Normais do Matrimônio

Uma das maiores causas de infelicidade nos casamentos é a enorme expectativa que homens e mulheres depositam na vida conjugal. Enquanto na maior parte de nossa vida, nossos sonhos vão cedendo seu lugar à realidade, aos poucos, sem maiores traumas e sem rastros de ressentimento, no matrimônio isso não ocorre. Ao contrário: parece que nos sentimos constantemente obrigados a viver relações sempre ideais, onde a mistura de serenidade, amor, compreensão e respeito sejam os únicos ingredientes em jogo. É claro que qualquer um de nós "sabe" das dificuldades de uma relação tão íntima e constante como um casamento. Mesmo assim, reagimos freqüentemente com desespero e horror ao menor sinal de turbulência que surja no horizonte dos casais que formamos.

Quando uma pessoa se casa, espera amar e ser amada por seu cônjuge para toda a vida. É evidente que o amor, principalmente se salpicado, aqui e ali, de um pouco de paixão, é o melhor combustível para o empuxo que pode fazer um casamento decolar. Vencida esta etapa, porém, um casamento precisa de muito mais coisas para manter sua altitude estável. Uma das principais é uma imensa dose de tolerância.

É no convívio lento, diário, em meio às tarefas de que se ocupa o casal, que se pode revelar aquela infindável série de pequenos defeitos, de leves egoísmos, de maniazinhas, implicâncias, chatices e outros inconvenientes inevitáveis, surgidos quando duas pessoas, por melhores que sejam, resolvem dividir o mesmo teto. Claro que se podem revelar comportamentos mais graves, capazes de inviabilizar qualquer relação. Observamos, todavia, como são muito mais freqüentes, justamente nos casais compostos por pessoas relativamente normais, as tempestades em copos d'água, os terrores injustificados quanto ao futuro de suas relações e o sincero sofrimento que experimentam frente às situações que, no fundo, não passam de atritos entre superfícies mentais diferentes. Frutos da enorme exigência que trazemos com nossos respectivos enxovais, esses episódios, nascidos para serem passageiros e até úteis – no sentido de chamar mais a atenção de um para as necessidades do outro – podem acumular-se e levar ao esfacelamento de uma relação que tinha tudo para ser feliz.

É possível que a tolerância seja o melhor antídoto para essas turbulências normais do matrimônio. Longe de significar uma aceitação automática de tudo quanto o outro desejar, ela será tão mais eficiente quanto mais estiver voltada para dentro de cada um. Ou seja: quanto mais uma pessoa puder aceitar suas próprias imperfeições, sem desesperar-se, nem desistir do lento e paciente trabalho em busca de melhorar-se um pouco, mais ela terá condições de aceitar seu cônjuge nos mesmos termos.

Pode ser que disto não resulte, necessariamente, um casal que *"dê certo"*. Porém se o casal preencher outros requisitos igualmente importantes, sua tolerância lhe dará mais chances de evitar o desperdício de uma oportunidade para criar uma relação durável e enriquecedora para ambos.

2/11/1998

O Desafio das Crises

Fugimos das crises como da cruz foge o diabo. Não há nenhum problema quanto a isso, pois as crises são, de fato, momentos de acúmulo de problemas, escassez de soluções, aumento de riscos, incertezas e angústia. Mais do que justo, portanto, que tentamos evitar sua aproximação, mal elas despontam no horizonte. Há crises, porém, inevitáveis. Fazem tão parte da vida que, sem elas, não mereceria ser chamada assim.

Só para dar um exemplo, imaginem vocês um bebê instalado dentro do ventre de sua mãe. Ele não precisa comer, nem respirar. Não sente frio, nem calor. Não escuta buzina, britadeira, reclame de pamonha; só ouve o ritmo do coração materno. Ignora tudo sobre política cambial, recessão, balanço de pagamentos (aliás, o único balanço que ele conhece é o suave ondular do líquido morno que o envolve). E quando sua mãe estiver tranqüila, ele sente um bem estar só comparável ao Paraíso celeste.

De repente, tudo se transforma. No meio do seu sossego, surge um desconforto desconhecido. Seu universo começa a estremecer. A maciez de seu casulo se transforma num abraço de jibóia que o ameaça de estrangulamento. Dali a pouco, outra contração – e mais sufoco. Sua paz desaparece. É o caos. Sem saber como e nem porquê, ele vai parar num túnel asfixiante. Uma luz insuportável cega seus olhos e uma confusão de ruídos ensurdecedores ferem seus ouvidos. Então, alguma coisa dentro dele respira. Ele nasceu. Acabou de enfrentar a primeira crise. Um pouco mais tarde, lavado e aquecido, dormirá o sono dos justos. Até que a fome o desperte para novas provações. Depois virão outras. Ele terá de abandonar o carinho do seio materno. Terá de por de lado o uso prático das fraldas. Terá de aprender a falar, andar e comer sem auxílio. Terá de abandonar a casa para ir à escola. Terá de desistir do amor dos pais para descobrir o sexo. Deixará seu lar para ganhar o mundo. E tudo isso, só para começar. Pois toda estréia é uma crise.

Nossas vidas são feitas de crises. Não, só delas, é claro – também de soluções. Mas só as crises tem essa condição inigualável de, ao mesmo tempo, testar e estimular nossa capacidade para obter algum lucro de maus negócios. São elas que desafiam e incrementam nossa capacidade de transformar o mundo e a nós mesmos.

A crise que vive o nosso país não foge a essa regra. Todos tentamos evitá-la. Todos tendemos a culpar este ou aquele pelo seu aparecimento indesejável. Poucos parecem capazes de pensar nesta ou em qualquer outra crise como parte inseparável dos processos de crescimento, que só se consumam pelo enfrentamento corajoso e criativo das crises. E poucos imaginam que, se vencida, esta crise nos dará confiança e vigor para um período de vacas mais gordas. É destes poucos que dependemos muito. Dos que sonham, mesmo em tempos sombrios. Daqueles que não temem a cara feia do mau tempo e, assim, encontram uma vereda para a esperança que, por sua vez, um dia produzirá desenvolvimento e prosperidade, que acabarão gerando uma outra crise, no ciclo constante e fascinante da vida.

06/12/1998

SCROOGE E NÓS

Entre as diversas personagens que povoam o imaginário das pessoas nesta época do ano, uma das mais fascinante foi criada pelo genial escritor inglês do século passado, Charles Dickens. Este tremendo contador de histórias escreveu um conto chamado *Um Cântico de Natal*, cujo imenso prestígio, tanto em seu país de origem como em todo mundo, deve-se ao seu incrível protagonista, o vilão Ebenezer Scrooge.

Scrooge é um velhote rico, ranzinza, egoísta e tremendamente pão-duro. É dono de um próspero armazém cujo sócio, Marley, já está bem morto a alguns anos antes do começo da narrativa. Tem um faro brilhante para bons negócios, mas é tão mesquinho que até os cães da rua olham-no atravessado. Seu mau humor histórico piora muito no Natal, que ele detesta especialmente. Pois é justamente numa noite da véspera de Natal, após haver distribuído fartas amostras de sua rabugice para cima de todos que o procuraram, (principalmente sobre seu pobre funcionário Cratchit), que Scrooge come o pão que o diabo amassou. Numa seqüência alucinante, ele é visitado por uma série aterradora de espíritos. Primeiro, o fantasma de seu ex-sócio Marley. Depois os espíritos dos Natais Passados, Presentes e Futuro. Como resultado de todo esse tormento sobrenatural, o velho pecador transforma-se totalmente. Assim que amanhece o dia, ele manda, para seu funcionário Cratchit, um belíssimo peru para o almoço de Natal, para o qual é convidado também. No fim das contas, esse avarento de carteirinha acaba virando uma espécie de aprendiz de Papai Noel.

Além da fantástica habilidade de Dickens para contar seus *"causos"*, talvez seu conto natalino renove seu encanto já há mais de cento e cinqüenta anos por nos defrontar com uma personagem que, no fundo, todos somos um pouco. Especialmente em ocasiões propícias para a confraternização e para a alegria, temos dentro de nós todos os apetrechos para – igualzinho a Scrooge – estragar qualquer prazer, através de descargas de mau humor, mesquinharia e ressentimento. E pretextos não faltam. Existem shoppings lotados, presentes que não queremos dar, outros que não conseguiremos receber; o dinheiro é curto, as ceias e os almoços são dispendiosos e dão um trabalho insano, há parentes chatos que não queremos nem pensar em ver, bebemos e comemos além dos limites.

E que prazer maior existe em exorcizar todo esse fel que nos ameaça por dentro, vendo-o exemplarmente castigado e transformado ao final da história? Terminado esse verdadeiro ritual de purificação interior, podemos nos atirar de cabeça na festa, como se nada de mal pudesse perturba-la. Mas não há problema: no ano seguinte, assim como o Papai Noel simpático, Scrooge também retornará, para lembrar-nos que, afinal das contas, ninguém é perfeito. Mesmo no Natal.

20/12/1998

São Demais os Perigos Desta Vida

Temos medo de tudo. De barata, do vestibular, da AIDS, do casamento, do desemprego, de avião, da violência urbana, das alturas, do chefe, da solidão, da loucura – e da morte. Qualquer coisa neste mundo (e mesmo em outros ...) pode despertar o nosso medo. O problema é que parece muito chato ser medroso. Sentimo-nos tão mais ridículos, inferiorizados e envergonhados, quanto mais patente se revelar o nosso medo. Confundimos facilmente o medo com a covardia. Dificilmente admiramos alguém que confesse seu temor, ainda que diante de situações do mais evidente risco. Ao mesmo tempo, estamos sempre dispostos a enaltecer os corajosos, mesmo quando eles não passam de desmiolados sem noção de perigo ou de suicidas em potencial.

Acontece que o viver é cheio dos mais diversos perigos, como já dizia o grande escritor Guimarães Rosa. Principalmente para quem tem paixão, emendaria outro grande, o poeta Vinícius de Moraes. Pois o perigo só toca aos que estão vivos: os mortos nada temem. Medo é sinal de vida. E talvez seja essa a maior e mais genuína fonte de nossos medos: o medo de viver.

Viver – e não apenas vegetar. Ou seja: estar em contacto, dia e noite, consigo próprio; sentindo o atrito constante entre o espírito e a carne, entre o humano e o bicho, que coabitam nossa alma em constante tensão e risco de entrar em briga. Este viver dá medo, principalmente o medo das paixões, dos desejos. Reparem como, quase sempre, atrás de cada um de nossos medos, pode ser que haja um desejo tentando por sua cabeça para fora da superfície neutra, estável e inabalável que tentamos cultivar. Algum desejo proscrito, que não devemos nem queremos realizar, mas não temos como ignorar, disfarçando sua natureza, aparecendo e afrontando nossa mente, já sob a forma do medo que ele próprio, antecipadamente, nos provoca.

Pode ser que não tenhamos como evitar o convívio com uma certa dose de medo em nosso dia a dia. Principalmente se o medo do mundo e seus perigos acabar servindo para desviar nossa atenção do medo que sentimos de nós mesmos. Reparem como é curioso que, neste final de século, conforme foi diminuindo a paranóia coletiva, gerada pelo risco – então bastante real – de uma hecatombe nuclear, foi crescendo o pânico individual, que acabou virando doença com tratamento e tudo. Até parece que, desaparecido o medo de um embate entre potências externas, as forças internas de cada ser humano entraram em guerra silenciosa entre si, aflorando, vez ou outra, numa crise de medo sem razão aparente, que só um comprimido parece capaz de aliviar.

Sendo um companheiro assim tão íntimo e constante de nossas vidas, o medo não precisa ser temido nem deve ser eliminado. Como se fosse um combustível, ele é um dos maiores impulsionadores do nosso aprendizado, pois somente o saber – além do confortável colo das mães – pode contribuir para aliviar o nosso medo. Como em relação às feras (que também temos), só o paciente aprendizado de nossos medos e de seus mistérios pode amestrá-los e transformá-los, de inimigos ameaçadores, em aliados indispensáveis para enfrentarmos os muitos perigos desta vida.

03/01/1999

A Hora e Vez da Preguiça

Conversando, há algum tempo atrás, com uma amiga que retornava de umas férias bastante agradáveis, observei como seria difícil que ela pudesse colocar uma experiência como essa entre as realizações de seu currículo para, digamos, obter um emprego. Se ela seguisse esta minha idéia, era bem capaz de ser recusada sumariamente, deixando, no seu eventual entrevistador, uma provável impressão desfavorável.
Isto porque quase ninguém está preocupado como o que fazemos quando nada temos para fazer. Pelo contrário: nosso mercado empregador – justamente hoje, nestes tempos bicudos, tão carentes de criatividade – só se interessa pelo nosso fazer concreto, transformado em ações objetivas, produtos e coisas. Tudo isso é muito importante, claro. Mas quem deseja aumentar a produtividade parece ignorar que as grandes idéias nascem, na maioria das vezes, nos períodos de lazer e ócio e não nos momentos em que nossas mentes estão congestionadas pela obrigação do trabalho e pelas pressões na busca de resultados objetivos e rápidos.
  É raro sabermos de um executivo que, ao se candidatar a um emprego, seja inquirido seriamente sobre como passa seus fins de semana, que livros tem lido ultimamente, quanto tempo despende no

contacto com a esposa, com os filhos, amigos ou com uma eventual namorada. Ninguém lê para ele um trecho de um poema e pergunta que impressões isso lhe desperta. Ninguém quer saber quando foi a última vez em que ele sentiu medo e como se virou com isso; ou porque derramou uma lágrima recente, se por dor ou emoção. E tudo isto de modo verdadeiro, esperando a manifestação de uma pessoa real e não de um humanóide adestrado para prever situações difíceis e sair delas, salvando apenas a própria pele – tudo isso sem amarrotar sequer o paletó. Parece que quanto mais desmentalizado for o cidadão, mais desprovido de alma verdadeiramente crítica, mais ele parece adequado para essa espécie de arena em que se transformou, entre nós, a vida produtiva e o mercado de trabalho.

Li numa revista sobre Economia a respeito de uma campanha para o lançamento de uma marca de cigarros. Um dos executivos da empresa trouxe um calhamaço de números, estatísticas e pesquisas, brilhantemente organizadas, traçando o perfil do público consumidor, as características do produto, os custos e tudo mais. Já outro executivo, que aguardava a sua vez em silêncio, perguntado sobre o que trouxera a respeito do produto, tirou do bolso um maço de cigarros, com nome, rótulo, marca, logotipo e preço, sem dizer uma palavra sequer. Claro que foi ele quem ganhou a campanha. Penso que ele conseguiu esse resultado por ter achado tempo e tranqüilidade para sonhar, seja dormindo ou acordado, com o produto mesmo, a partir do que, tudo fica mais fácil.

O grande poeta alemão, Goethe, dizia que todo o homem civilizado devia, ao menos de vez em quando, olhar para um belo quadro, ler um pequeno poema, ouvir uma pequena canção. Para tudo isso é preciso termos tempo – a falta dele pode nos aproximar perigosamente de selvagens desalmados. Se pudermos nos conceder mais tempo para nos desocupar, se valorizarmos mais o lazer e o ócio como parte fundamental de nossas vidas, poderemos conseguir sonhar com as soluções para muitos dos problemas que enfrentamos.

17/01/1999

DAVI E GOLIAS

Nosso país tem vivido dias de aperto. Uma ciranda de desacertos políticos e econômicos parece que fez ruir, de uma hora para outra, um castelo que não dava sinais de esconder tamanha fragilidade. O horizonte tempestuoso, que se aproxima de nossa já desgastada esperança, não só parece inevitável – parece fatal. E cada um de nós assiste, numa mistura de angústia e impotência, ao rosário interminável de más notícias que tem fechado ainda mais a face carrancuda dos noticiaristas.

A cada disparo do dólar, a adrenalina invade a circulação nacional. O dinheiro voa do país por portos invisíveis, os poucos empregos que restaram estão se despedindo, as empresas estão prontas para quebrar de uma vez por todas. E a inflação, como o vampiro dos filmes de segunda categoria, se ainda não reviveu, está por pouco.

Frente a um barulho destes, o que poderia recomendar de útil um psicanalista, além da luta ou da fuga, sem ser acusado de ingênuo, de alienado ou de cretino? Bem, como dizia Freud, *"talvez bem pouco mas, quem sabe, todo o principal"*. E a forma de auxílio que a Psicanálise pode nos oferecer começa por tentar investigar qual é a natureza emocional do momento que enfrentamos neste janeiro que já entrou para a História.

O sentimento que predomina em nossa atmosfera vigente é de perseguição. Vemo-nos cercados inimigos poderosos, cuja natureza nem sempre conhecemos, que ameaçam nossa sobrevivência e nossa integridade. Nossa tendência natural, em tais ocasiões, leva-nos a várias reações quase automáticas. Isolamo-nos uns dos outros, ficamos mais egoístas, diminuímos nossa solidariedade, atribuímos responsabilidades e esperamos soluções de qualquer um que nos rodeie (menos de nós mesmos), fazemos de conta que o que esta ocorrendo com nosso vizinho nunca nos atingirá e, sobretudo, ao tentarmos livrar nossa mente do medo, acabamos por aumentá-lo, espalhando-o naqueles que ainda não estavam apavorados como nós.

Se este arsenal de atitudes evita que naufraguemos no pânico incondicional, ele também não contribui em nada para lidarmos melhor com as imensas dificuldades que permanecerão, impávidas, à nossa espera. Este arsenal tampouco impedirá que os problemas colossais que nos atacam sirvam de combustível que reaviva a chama do nosso maior temor: o doloroso confronto com a nossa fragilidade.

Não somos frágeis por sermos brasileiros. Somos frágeis por que somos humanos. Até aí, nada de mais. Mas é possível que nossa fragilidade peculiar resida no hábito teimoso de, ao invés de metermos a mão na massa para arriscar os nossos sonhos de grandeza, achar que já somos grandes, por decreto. Então lançamos a semente da loucura que germinará em crise. Quando ela floresce, despencamos de nosso trágico delírio e percebemos que não somos o gigante pela própria natureza, como nos ensinou a voz alucinada de nossa megalomania. Somos o Davizinho esfomeado lutando contra o Golias que se empanturra de nossas próprias mazelas recorrentes.

Se esta crise nos revelar capazes de assumir nossa pequenez com dignidade e realismo, talvez consigamos construir uma pequena base para então crescer. Por menor que seja, ela será real. Além do mais, quem pode nos garantir que, ao conferir com o que de fato contamos, não poderemos topar com recursos tão modestos e poderosos quanto o estilingue do pastor Davi?

31/01/1999

PERDER É CRESCER

Na cidade de Hillsboro, no interior norte-americano, lá pelos anos vinte, um jovem e pacato professor primário foi preso e processado por ter ensinado a seus alunos as teorias de Charles Darwin, então proibidas pela lei daquele estado, pois sugeriam que o homem descendia dos macacos, ao contrário do que dizia a Bíblia. Mais tarde, em 1960, Holywood produziu um filme esplêndido sobre este caso verídico, chamado *Herdeiros do Vento*.

Durante uma cena antológica, o inesquecível Spencer Tracy, no papel de Henry Drummond, o advogado do professorzinho, discursando vigorosamente para um júri conservador e hostil ao seu cliente, diz que, para poder progredir, sempre pagamos um alto preço. Para ter o telefone, perdemos a privacidade e o encanto da distância; ao ganhar o direito ao voto (as mulheres acabavam de conseguir esse direito, na época em que se passa o filme), a mulher perdeu o direito de recuar para suas esponjas e anáguas; se conquistamos o ar, os pássaros já não serão tão admirados e as nuvens vão cheirar a gasolina.

Lembrei-me desta cena porque ela pareceu muito apropriada para falar sobre as dificuldades de progredirmos em qualquer área de nossas vidas. Pois todo o progresso genuíno sempre é precedido de alguma perda. Não de qualquer uma, mas daquelas coisas mais preciosas e vitais para nossa sobrevivência mental ou biológica. Só depois disso – e, infelizmente, nem sempre – é que se pode vislumbrar uma luz compensadora no final da escuridão.

Sempre que devemos dar um passo a frente, estamos beirando um abismo mortal. Por isso não há progresso sem dor, sem medo, sem insegurança e sem um enorme desejo de deixar tudo exatamente como está. É natural que assim seja. E uma energia que navega para não sair do lugar, capaz de nos manter nas cavernas onde começaram nossos ancestrais, persiste em cada um de nós, mesmo ao final deste milênio, apesar de toda a tecnologia de que dispomos.

Ao mesmo tempo, cada novo ser humano que nasce, desde que nos tornamos bípedes, há milhões de anos atrás, parece carregar dentro de si uma força incansável e suficiente para tirar da inércia toda uma espécie. Num recém-nascido que chora em busca do seio materno, num bebê engatinhando sem saber para onde, numa criança que invade o quarto dos pais para ver o que estão fazendo lá, numa menina que examina o próprio corpo à procura de seus mistérios, num adolescente pondo a vida em risco em piruetas radicais, nos jovens que se apresentam anualmente ao vestibular, num bando de marujos em busca de terras desconhecidas, num grupo de astronautas rumo ao espaço sideral e em quase tudo que fazemos todo o dia, está a mesma semente – mistura de desejo, curiosidade e esperança – que brota e nos ajuda a vencer o medo e a criar uma história nova, para acrescentarmos à inevitável e infinita travessia, individual e coletiva, no rumo de melhores dias, para nós e para os que nos seguirão.

21/02/1999

OS DOMADORES

Todo mundo vai ao circo. Ou, pelo menos já foi alguma vez. Por isso todo mundo sabe que – internacional ou mambembe – todo circo que se preze precisa ter, no mínimo, três atrações: o trapezista, o palhaço e o domador. O palhaço diverte e encanta, o trapezista desafia a gravidade e o domador enfrenta o perigo animal. É ele quem contracena com feras irracionais e violentas, que podem se tornar fatais ao menor descuido. Em suas mãos hábeis, leões, tigres, panteras, onças, ursos e outras bestas assustadoras, comportam-se como se fossem animais domésticos. Porém, uma vez ou outra, fazem cara feia ou rugem ameaçadoramente, para lembrar que continuam sendo ferozes. Afinal, nisso consiste todo charme do número.

Acho que estamos mais ou menos de acordo que todos nós também somos animais. O que distingue a nossa espécie humana de outras é a faculdade do pensamento (ao menos num grau tão sofisticado como o nosso). Ao mesmo tempo, compartilhamos com outros animais uma certa dose de ferocidade, variável de pessoa para pessoa e que, vez por outra, tenta se intrometer em nosso cotidiano, às vezes assustando a todos e, principalmente, a nós mesmos.

A vida, ao contrário do que dizem alguns, não é exatamente um circo. Eu, contudo, acho que uma das tarefas com que nos deparamos diariamente lembra muito aquela dos domadores circenses. Pois faz parte de nosso desenvolvimento lidar, desde os primeiros momentos de nossas vidas, com um aglomerado de impulsos – herança indigesta de nossa ancestralidade bestial – que mais parecem uma jaula de animais em estado de ebulição, onde pululam sexo, agressividade, inveja, voracidade e outros bichos.

Frente a essas criaturas ferozes que são nossos instintos, temos de nos posicionar de modo que eles não nos atrapalhem nem pereçam, pois isso faria que perecêssemos também. Resta-nos agir como uma espécie de domador, que não retira o caráter feroz de nossos impulsos, mas procura amestrá-los. Amestrar significa dar um destino a essa energia que não pode permanecer represada, nem pode tomar as rédeas de nossa vida sem refinar um pouco seu estado bruto. Esse destino deve manter com as origens de nosso desejo algum parentesco, alguma intimidade que permita o alívio e o torne útil, para nós e para os outros.

Por isso vemos quanto pode ser ineficaz e inadequado tentar simplesmente coibir a explosão de energia de um adolescente, ao invés de ajudá-lo a canalizar sua disposição de modo a não machucar-se nem machucar ninguém. Ou como resulta caro e inútil trancafiar um criminoso contumaz, sem lidar de modo que ele possa, ao menos, tentar um novo destino a seus impulsos perigosos. Muita gente, de soldados a automobilistas, só encontram sentido em suas vidas sob situações de risco, das quais não podem se afastar, mas a que se dedicam sob intenso treinamento e rígidas normas de segurança. Aliás, eles não fazem muito diferente do que faz um domador. Afinal, enquanto ele domina, frente aos nossos olhos admirados, as feras que podemos ver, está também dando vazão aos mesmos monstros invisíveis que, todos abrigamos em nossa jaula interior.

28/02/1999

A Praga da Burocracia

Entre as pragas que assolam nosso mundo moderno, a burocracia é, talvez, a mais enervante. Ela representa, em escala ampliada e coletiva, aquilo que a experiência ancestral de nossas avós sabiamente rotulava de "*espírito de porco*". Seu efeito devastador pode facilmente chegar a ser catastrófico.

Como outros vícios humanos, a burocracia origina-se do desejo inicialmente virtuoso de regulamentar, organizar e fiscalizar uma determinada atividade, impedindo abusos, privilégios e promovendo igualdade. Aos poucos, porém, essa intenção começa a perverter-se e assume a face mais irritante da atitude burocrática: obstruir o acesso a algum direito garantido pelas leis, através de uma infinidade de manobras sutis e exigências descabidas ou incompreensíveis para o cidadão comum. Este movimento ambíguo é o que torna a burocracia mais detestável pois, a pretexto de cumprir adequadamente uma lei e garantir um direito, ela acaba servindo de instrumento que impede que lei e direito se consumem na prática.

Mas o que levaria a tamanha distorção entre aqueles bons propósitos iniciais e os seus péssimos resultados? Algum tipo de má vontade prévia, de malignidade sistemática ou proposital, típicas de pessoas naturalmente dispostas a encher a paciência de quem quer que fosse? Isso até acontece, em diversos planos da ação burocrática. Ao mesmo tempo, é comum observarmos que mesmo os responsáveis por tais procedimentos tentam, de boa fé, resolver e facilitar a vida dos usuários, mas também eles parecem presos pela mesma malha de entraves que tanto inferniza o cidadão comum.

Uma pista para explicar essa brutal distorção poderia ser dada por quem já tentou enfrentar tanto os obstáculos burocráticos como as suas vítimas, munido de paciência, disposto à conversa e à argumentação sensata. O que essas pessoas penosamente constatam é que tais recursos, tão valiosos no trato com questões humanas importantíssimas, quando usados no terreno da burocracia, de nada valem.

Outra pista pode estar em nossa reação frente a esse monstro kafkiano que se instala em nosso caminho para a realização de um objetivo. Ela assume duas formas principais. A primeira leva à obediência sistemática de todas as exigências, não importa quão difíceis ou absurdas elas nos pareçam. Tendemos, assim, a uma espécie de barganha com uma entidade abstrata e impalpável, que consideramos pejorativamente, mas que temos a esperança de ludibriar, fingindo cooperação incondicional. Quando estes artifícios dão em nada, surge nossa segunda reação, caracterizada por indignação e revolta, levando freqüentemente a atos impensados, cujos extremos podem ser imprevisíveis.

Estas pistas apontam para uma característica que torna a burocracia uma maldição típica da modernidade: a desmentalização. Favorecido pelo agigantamento institucional que acompanha o crescimento demográfico, o ato burocrático desconsidera, de saída, quaisquer elementos mentais individuais: emoções, sonhos, desejos, respeito, relações humanas, angústia, etc. Então as pessoas tornam-se coisas e como tal reagem, tanto ao obedecer quanto ao se revoltar. Por proceder assim, o ato burocrático não é mental: é mineral. É como uma pedra no caminho, cuja única função parece ser provocar tropeços e retardos indesejáveis. Não há argumentos frente a ele, pois ele tende a desmentalizar as pessoas nas quais toca. Só resta a obediência igualmente desmentalizada ou a revolta irada e irracional.

Por ser apenas uma pedra no caminho, criada pela infindável capacidade humana para gerar problemas, o único procedimento racional frente à burocracia é tentar removê-la. Todos os gestos feitos nesse sentido serão louváveis. Como foi, por exemplo, o desaparecido Ministério da Desburocratização. E quem diria que uma invenção da tristemente famosa ditadura militar haveria de deixar saudades?

14/03/1999

PLANTAÇÃO DE TIRANOS

"A democracia é a pior forma de governo, exceto todas as outras que tem sido tentadas de tempos em tempos", foi o que disse, certa feita, *sir* Winston Churchill, numa tirada de humor tipicamente britânica. De fato, agir democraticamente, quer no âmbito público, quer no privado, é difícil, trabalhoso, cansativo e, no mais das vezes, frustrante. O problema é que, hoje mais do que nunca, as *"outras formas de governo"* de que falava o estadista inglês reduziram-se a uma única alternativa: a tirania. Esta, sim, é insuportável.

Tolerar um tirano é uma das tarefas impossíveis de executarmos, a não ser que precisemos viver a condição de vítimas. Pois o tirano quer muito mais que mandar, inventar leis, dar ordens ou realizar todos os seus caprichos. O desejo maior do tirano é reduzir o mundo a uma extensão de si mesmo, o que equivale a exterminar tudo que não seja igual a ele. Portanto, ao modo do famigerado Jim Jones, é preciso que ele esteja cercado de um batalhão de suicidas em potencial ou de zumbis teleguiáveis, que abram mão de seus próprios desejos em favor dos desejos do grande líder.

A grandeza dos ditadores aproxima-se, portanto, da pequenez das crianças. Não de quaisquer crianças, mas daquelas mimadas a um grau difícil de ser imaginado, a ponto de torná-las humanamente incapazes de perceber qualquer coisa existente para além de seus próprios umbigos, fazendo-as acreditar que são detentoras de direitos divinos sobre toda a vida à sua volta.

As ditaduras começam, portanto, em casa. A idéia de que lares desconjuntados, submetendo crianças a privações da mais variada espécie, constituem a base para futuros tiranos é, pelo que sugere a prática, furada. A história de muitos ditadores mostra quase sempre uma família razoavelmente estável, onde um dos membros do casal tenta educar o filho enquanto o outro subverte esse processo de maneira constante e disfarçada. Se a isto somarem-se alguns traços inatos do caráter de um determinado indivíduo em desenvolvimento, então o pimpolho, aparentemente birrento e voluntarioso, poderá ser um candidato a Hitler no futuro.

Somos levados a crer que a semente do comportamento tirânico vem no bojo de nosso equipamento psíquico original e básico, enquanto o convívio em bases democráticas é uma espécie de acessório adicionado lenta e laboriosamente através de anos de esforço conjugado. Por isso qualquer pessoa, mesmo o mais convicto democrata – como era Churchill – pode namorar gulosamente os atos ditatoriais de um vizinho, ou até mesmo incorrer neles, em momentos de maior pressão.

Tudo isso está longe de restringir-se ao domínio das questões de Estado, pois os ditadores estão (como, aliás, todos sabemos) disponíveis em qualquer parte: num casal, numa família, num condomínio, associação de bairro, empresa, sindicato, partido ou país. Pouco importa quantas camadas de conversa mole eles coloquem em seu discurso – seu objetivo, é sempre o mesmo: suprimir totalmente as diferenças individuais através da coerção da liberdade de pensamento. Desse modo, todo cuidado é pouco. Parodiando uma campanha publicitária antiga, não devemos fazer, de nossos filhos, ditadores, pois a vítima pode chegar a ser toda a nossa espécie.

28/03/1999

O Balanço do Desejo

Viver de acordo com os próprios recursos é uma das principais chaves para uma vida feliz. Talvez essa seja uma das causas que fazem da felicidade um estado mental tão raro e tão passageiro, pois quem é capaz de respeitar, ao menos um pouco, essa norma tão simples? Que bom seria se soubessemos de quais recursos emocionais dispomos para a vida, em que quantidade eles estão presentes, e quais recursos estão totalmente fora de nosso alcance... Não seríamos tão infelizes, já que nossos passos não seriam nem maiores nem menores que a extensão de nossas pernas.

Em vez disso, o que encontramos, em nós mesmos e nos outros, é uma extensa gama de infelizes. Alguns frustrados, porque não usam um potencial que eles de fato tem. Outros desastrados, porque usam recursos que não tem (levando à infelicidade daqueles de quem roubam elementos concretos ou mentais). Vários fatores colaboram para tantos problemas. Culpa, ressentimento, inveja, exigência e outros elementos mentais, isolados ou em conjunto, contribuem para que nossas relações se estabeleçam em bases muito distantes, quer para menos, quer para mais, daquelas possibilidades que temos num determinado momento. Mas, como diria o poeta, o que fazer com o desejo?

Se o filósofo francês Renée Descartes voltasse a Terra, hoje em dia, talvez ele mudasse o enunciado de sua fórmula célebre:

"*Penso, logo existo*" para alguma coisa como "*Desejo, portanto existo*". Tivemos a Era da Razão (onde Descartes viveu); a Era da Proibição, no século passado. Neste nosso século que finda, vivemos a Era do Desejo. É certo que o desejo nasceu com o primeiro ser humano. Contudo, de algumas décadas para cá, vivemos impulsionados por uma escalada tecnológica sem precedentes, capaz de nos dar um sentimento de segurança e poder, raras vezes experimentado ao longo da História. Deste modo, parece que temos, ao alcance de nossas mãos, todos os instrumentos necessários e suficientes para a realização completa de todos os nossos desejos, ou para varrer do caminho quaisquer obstáculos que ousem impedir essa triunfal trajetória na direção do prazer.

Isto complica ainda mais a vida, quando parece apenas facilitá-la. O motivo é simples: o desejo, seja qual for o seu tipo ou aparência, é sempre, por natureza, desestabilizador. Sua presença, invadindo a mente, faz qualquer um de nós mudar seu caminho, perder a hora, desviar a atenção, sair do sério, gastar o que não pode, etc. Basta qualquer pessoa lembrar, só para servir de exemplo, de desejos simples e imediatos, tais como a fome ou à vontade de ir ao banheiro. Imaginem então quando houver coisas mais complicadas em jogo, como o poder, o dinheiro e o sexo! Neste ponto, o auxílio do arsenal tecnológico – de todo modo excelente – acena com a possibilidade, após séculos de espera, da realização plena e quase imediata de tantas vontades reprimidas. Parece uma tentação difícil de se resistir.

E realmente é. Ao mesmo tempo, pode ser uma armadilha fatal, já que a consumação de uma vontade não elimina outras. Ao contrário, teremos a impressão, mesmo que ilusória, de que nosso poder aumentou, até chegarmos àquelas aspirações que não conseguiremos, ao menos de imediato, consumar. Então a ciranda começa, de novo, a girar. Não demora muito, estamos de novo infelizes, vítimas dos mesmos desejos que fustigavam nossos ancestrais nas cavernas.

11/04/1999

Gênios da Compaixão

Há mais de mil anos atrás, nasceu na Pérsia um homem que se tornaria cientista, médico, filósofo, matemático e teólogo. Ele chamava-se Ibn Sina, mas é pela forma latinizada de seu nome árabe que ele ficou conhecido no Ocidente, como Avicena. Sua importância foi imensa, pois, através dele, como de outros estudiosos orientais, os conhecimentos filosóficos e científicos adquiridos pelos gregos e desenvolvido pelos árabes, chegaram à Europa e aos nossos dias.

Seus estudos sobre Medicina foram, durante muitos anos, usados como um dos mais importantes manuais sobre o assunto. E como médico, ele demonstrou uma notável capacidade de observação das doenças e também dos seres humanos.

Prova disso é uma passagem admirável, onde Avicena comenta que descobrira um procedimento útil para diagnosticar se o mal estar de uma pessoa era devido a um problema físico ou a uma paixão. Quando suspeitava desta última possibilidade, Avicena tomava o pulso do paciente e verificava qual era o seu ritmo normal. Então, mantendo o pulso entre os dedos, procurava conversar com o cliente, assim como quem não quer nada, enquanto ia citando, aqui e ali, alguns nomes de pessoas que – ele suspeitava – pudessem constituir o alvo do amor do paciente. Assim que ele percebia que a menção de um determinado nome provocava uma mudança no ritmo do coração do cliente, ele iniciava uma porção de perguntas a respeito daquele nome. Quase sempre o paciente acabava por informar que, de fato, estava sofrendo por causa daquela pessoa, cujo nome fazia seu coração bater mais forte. O método era bastante útil, dizia Avicena, com uma única dificuldade: nestes casos, o doente não queria ser curado.

Esta delicada observação e seu magistral desfecho tornam-se ainda mais belos por sua identificação imediata com qualquer um de nós, pois todos sabemos o que é estar apaixonado (mesmo que não o possamos descrever direito). O relato de Avicena parece, portanto, falar sobre nós mesmos, como se ele nos observasse a séculos de distância, assim como um diálogo entre Romeu e sua amada Julieta parece tão familiar e atual a qualquer pessoa que já se sentiu amando.

Esta sensação de reconhecimento, capaz de vencer o tempo, as diferenças culturais, religiosas e individuais, só é possível se houver condições para o conhecimento genuíno de nossa natureza. Este modo de saber nasce de uma virtude humana indispensável: a compaixão. A compaixão é esta espécie de disposição benevolente que reconhece, justamente nos erros e nas imperfeições, os traços que nos tornam iguais a todos os seres de nossa espécie, em todos os tempos. A falta de compaixão em nossas relações do dia a dia, leva-nos a reagir com ódio às inúmeras frustrações originadas na dura arte do convívio. Com isto, ficam mais difíceis as possibilidades de correção dos erros – até dos mais simples – e mais aberto o caminho para a punição sumária e para a vingança.

Hoje em dia, a compaixão parece estar meio fora de moda. Talvez por isso estejamos tão inconformados com nossas limitações e então, mais propensos a aceitar os procedimentos mágicos, as promessas de felicidade imediata e sem esforço, as várias formas de escapismo. Sem compaixão, ficamos também mais expostos ao fanatismo, ao preconceito e aos mistificadores. A vida torna-se, enfim, mais difícil, menos bela e bastante estagnada. Mas é justamente em horas mais difíceis que surgem os verdadeiros seres humanos, tais como Avicena, Shakespeare e tantos outros que despertam nosso amor e auto-estima e que recebem o nome de gênios. Vale a pena esperar!

02/05/1999

A Invenção das Mães

"*Oh virgens, perdei-vos, pra terdes direito a essa virgindade que só as mães tem!*" Verso terno e preciso do grande Mário de Andrade. Verso firme e inesquecível porque revela duas realidades tão distintas como verdadeiras: para os filhos, o ideal de pureza das mães e para as mães, o passar pelo sexo para se tornarem mães. Mesmo para aquelas adotivas, que aceitaram como seus os filhos que a vida privou de mães. Até mesmo para aquelas outras que, hoje em dia, assistem à procriação de suas proles no ambiente esterilizado das provetas de laboratório. Todas deixaram de ser virgens, imaculadas, intactas, para ganhar acesso ao mistério supremo e cotidiano que é ser mãe.

Haverá um instinto materno? Talvez seja difícil prová-lo, como quem demonstra uma fórmula matemática. Deve haver um querer, já presente no olhar atento da menina, medindo os gestos de sua mãe, para repeti-los com as bonecas. E deve haver também um bebê querendo ter uma mãe, no caminho inverso do desejo de uma mulher (melhor ainda se o desejo for de um casal). Mas falar em querer, numa hora dessas, é como colocar o carro na frente dos bois, antecipando em léguas uma clareza do sentir que um bebê ainda não tem. O bebê inventa uma mãe: ela não tem nome, nem face, nem nada. Ela é, nestes começos, o alívio do medo de morrer de fome, de frio, de dores infernais lacerando as vísceras. Aliviado, o bebê adormece e sua mãe será o sonho que ele pode, enfim, sonhar.

Será um sonho de prazer constante e sem concorrências. Um sonho de posse eterna, sem começos no passado, sem fins no futuro, e sem rivais em tempo algum. O sonho do bebê é feito daquele alívio completo que ele acaba de provar e cujo sabor não o deixará jamais. Sabor de alívio que desconhece o mundo à sua volta, em tudo igual à vida que ele conheceu, antes de nascer, nas entranhas da mãe. Este sonho perdurará mesmo após o despertar, transformado na face amada e bela de uma mulher, que, um dia, se fará apresentar sob o nome de mãe.

Sonho durável porém finito. Termina dolorosamente quando o corpo de novo reclama alimento, calor e afeto. Voltam, o abismo, o medo avassalador, os espasmos de angústia. Esta semente dolorosa frutificará em todos os dissabores da vida do bebê, quando ele tornar-se criança, adolescente, adulto ou velho. Regada pelas desilusões que a vida é pródiga em providenciar, essa lembrança terrível fará a mãe amada em pedaços. Sobrará uma pentelha, distante e insensível, cruel e mesquinha, colocando pai, irmãos, trabalho, regras e sua própria vaidade, numa fila irritante e interminável, na frente daquele bebê que fora seu único amor. A desilusão e o desespero insuportáveis, não importa em que idade venham assolar a mente, serão a mais dura prova que a vida oferece.

Vencer essa batalha só é possível se restar, na lembrança daqueles que foram bebês, memórias daquele rosto amado que, de tão belo, supera o horror do ressentimento, para explodir em sorriso de admiração. Fotografados naquele momento quando eram alívio, beleza, amor – quando eram só nossos – os rostos das virgens perdidas, porém eternas, serão os rostos de nossas mães.

08/05/1999

WILDE E AS MULHERES

Um colega perguntou-me, outro dia, se o meu ofício de psicanalista me ajudava a entender as mulheres. E perguntou assim: em voz mais baixa, com um ar malicioso, como quem preparasse o campo para a revelação de um truque secreto. Naquele momento, lembrei-me de um conto de Oscar Wilde, onde um personagem diz para outro, numa situação parecida com esta que narrei: "As *mulheres foram feitas para serem amadas, não para serem entendidas...*" Acabei por não mencionar essa frase para o meu colega, mas fiquei com ela na mente, talvez pelo clima que a pergunta dele parecia propor: de que as mulheres constituem um mistério de compreensão difícil, talvez só acessível para iniciados.

Esta é uma idéia que nós, homens, temos freqüentemente sobre as mulheres. Tendemos a vê-las como seres quase de uma outra espécie, até meio parecida com a nossa, mas perigosamente diferente. Não é de se espantar que Oscar Wilde, autor da frase que citei, fosse homossexual, pois os homossexuais costumam deixar de lado as elucubrações sobre a natureza das mulheres para, a seu modo peculiar, admirá-las e amá-las, com uma tranqüilidade que dá inveja a muito heterossexual juramentado.

Essa manifestação masculina é, talvez, o sinal mais visível de um sentimento intenso, sutil, velado e muito comum nas nossas relações com o sexo feminino: o medo. Este temor – na maior parte das vezes inconsciente – propulsiona os homens a uma série de manobras de aproximação e recuo, que contribuem para aumentar o fascínio que o sexo, outrora frágil, exerce sobre nós. Outra conseqüência deste medo é fazer o homem olhar mais para seu próprio interior do que para o interior das mulheres, levando-o a preocupar-se com elas ao invés de ocupar-se delas.

Em decorrência disso, brota na mente masculina uma série de superstições, tais como a crença numa espécie de repertório de dicas, truques e macetes, sobre como "funcionam" as mentes femininas. Tais repertórios, em tudo idênticos aos manuais de instruções que acompanham os eletrodomésticos, são criados sem qualquer conhecimento genuíno sobre aquelas cujos pretensos segredos eles se propõem a desvendar. Sua única função é atenuar o medo que os gerou, através da ilusão de submeter as mulheres a estrito e eficaz controle.

Dá para se imaginar a chatice em que resulta um relacionamento baseado nessas condições, uma vez que o grande fascínio em qualquer relação humana nasce justamente da possibilidade de experimentarmos surpresas, variações e transformações, e não da monótona repetição das mesmas atitudes e comportamentos. Ao mesmo tempo, a vida mostra como é difícil para os homens enfrentarem, de peito aberto, as suas colegas de existência, movidos por uma mistura ideal de coragem, desapego, modéstia, curiosidade e amor.

Considerar que o medo faz parte do terreno por onde passa a relação entre os sexos, é um recurso que os homens podem utilizar para tornar o acesso às mulheres mais livre, fluente e menos dependente de manuais duvidosos e artifícios protetores. Para tanto, eles devem aceitar e conhecer um pouco sobre as origens e a natureza desse temor. Só que isso já é uma outra história, que fica para uma outra vez...

30/05/1999

A Mãe que Afaga

"*Mamma, son' tanto felice, perché ritorno da te!*" (Mamãe, estou tão feliz, por que retorno a você!), diz a *canzonetta* napolitana, repetida desde Gigli até Pavarotti. No seu jeito espontâneo e simples, ela é uma arrebatada declaração de amor de um filho à sua mãe. Freud, que sabia das coisas da vida, opinava que não havia forma de amor mais completa do que esta.

Em torno deste alicerce, constrói-se a vida, o olhar para o mundo e a personalidade dos filhos. Se a hipótese que eu lhes sugeri na última semana, segundo a qual o medo é uma das emoções básicas do inconsciente dos homens com relação às mulheres, então suas raízes também devem estar contidas naquele vínculo inicial com a mãe. Deste modo, para conhecermos um pouco mais sobre isso, deveremos seguir o movimento sugerido pela letra ingênua da canção. Deveremos retornar às mães.

A situação mais decisiva para determinar qual será o perfil feminino na mente dos homens, começa a partir dos momentos em que o menino percebe que sua mãe não é feita só de amor. Amor, para uma pessoa na infância, é um conceito praticamente idêntico à satisfação, rápida e eficaz, de todas as necessidades físicas e emocionais que apareçam pela frente. Então, qualquer percepção de retardo ou incompetência materna já será suspeita, para o menino, de desamor ou de ódio.

Como se isso não bastasse, em breve a mãe começará a exigir dele o cumprimento de horários e normas de higiene, a cobrar bom comportamento e bom rendimento escolar, a regular seus gastos e a protagonizar toda uma série infindável de reações contrárias à satisfação dos desejos do garoto, que ela parecia tão pródiga em realizar.

Assim, o futuro varão perceberá (e que Augusto dos Anjos me perdoe a infâmia do trocadilho) que *a mãe que afaga é a mesma que apedreja*, ou que a fada amorosa é também uma bruxa mandona e pentelha. O modo como for possível resolver, na mente masculina, este dilema central, irá configurar seu comportamento futuro frente às mulheres. Em decorrência disso, ele poderá sentir-se assombrado por fantasmas femininos de várias espécies.

Ele poderá temer ser envolvido por mulheres ardilosas e sedutoras, que o manteriam narcotizado e fora de si, através de seus encantos irresistíveis. Desconfiará das mulheres meigas e doces, achando que elas se transformarão em feras dominadoras e autoritárias, fazendo-o perder sua liberdade para o sexo e para a vida. Ou temerá não ser capaz de satisfazer o desejo (que ele suspeita ser insaciável) de mulheres mimadas e vorazes, que o arrastariam inapelavelmente para a ruína física e econômica. Ficará apavorado com o risco de ser suplantado por mulheres mais capazes, sensíveis ou mais inteligentes, que ele imagina cruéis, competitivas e implacáveis. Sofrerá amargamente com a perspectiva de ver seu amor por elas ser desprezado com frieza e arrogância. E poderá temer, ainda, que seu amor por elas seja nocivo, perigoso e capaz de colocá-las em riscos irreparáveis. Isto só para citar as possibilidades mais comuns.

Apesar de tudo, não há, de fato, muito a temer. Pois o medo é uma reação normal frente ao desconhecido e as mulheres, para os homens, terão sempre algo de novo a ser descoberto. Isto poderá ser fonte de medo, mas também de fascínio. Se houver um mínimo de amor genuíno por elas, o medo servirá de combustível na luta contra os fantasmas mais assustadores, e permitirá que cada descoberta possa significar um novo motivo para amá-las ainda mais.

06/06/1999

Harry e o Poder

   Nos arredores de Agincourt, no norte da França, é madrugada. O exército inglês está acampado, na véspera de uma batalha. No dia seguinte, enfrentarão os franceses, superiores em número por larga margem. Por isso, a derrota parece certa, como certas parecem as mutilações, o cativeiro e a morte. Alguns ingleses dormem, outros velam. Entre os que velam, está o rei.
   Embrulhado numa capa que lhe disfarça a identidade, o rei anda pelas barracas. Ele arrastou aquele grupo de homens pelo canal da Mancha pois achava ter direito de assumir o trono da França. É ambicioso, portanto. É jovem, também. Mas agora, sente de perto o perigo que espera por aqueles que o seguiram, fiéis e confiantes em suas decisões. Teme por eles. Por isso passeia, disfarçado, para conferir como anda a disposição da sua pequena tropa.
   De cada soldado que interpela, escuta a mesma coisa: todos estão ali em nome do rei. Se morrerem ou viverem, se perderem ou vencerem, se matarem um inimigo por uma causa injusta, Deus colocará tudo isso na conta do rei. Então o soberano inglês sai matutando como tudo sempre recai sobre os ombros do rei, ainda que ele, debaixo de todo o cerimonial, não passe de um ser humano composto de matéria idêntica àqueles homens que esperam o dia da luta.

Aquele rei chamava-se Henrique V. Viveu há mais ou menos 480 anos atrás. Aquela batalha, chamada de Agincourt, ele venceu de forma tão espetacular que o fez virar personagem de Shakespeare. Aliás, todo o episódio que eu acabei de narrar foi criado pelo dramaturgo inglês. Não sabemos se o rei, naquela noite, procedeu e pensou daquele modo.

Mas bem que ele poderia ter pensado assim, ao constatar o desconforto que ronda, constantemente, a ambição pelo poder. Ele teria, por certo, a aprovação de Freud, pois este afirmava que governar é uma tarefa impossível de ser realizada com perfeição. Provavelmente porque governar é submeter uma vasta quantia de pessoas – extremamente diferentes em suas naturezas, aspirações e opiniões – a um certo número de diretrizes comuns. Não é preciso ter a genialidade de Shakespeare ou de Freud para adivinhar como é fácil gerar, através do exercício do poder, enormes doses de descontentamento em porções respeitáveis de governados.

Até aí, parece tudo razoavelmente lógico. Contudo é surpreendente como a esmagadora maioria dos governantes, de gerentes a presidentes (isso para falar só naqueles honestos e bem intencionados), parecem ignorar totalmente que suas resoluções podem provocar insatisfações na população. Dá a impressão que eles assumem seus cargos, não importa em que plano da escala hierárquica, como quem se preparasse para uma viagem tranqüila sobre um mar de rosas. Quando, pelo contrário, eles topam com a hostilidade de uma atmosfera tempestuosa, escandalizam-se como se fossem a mais ingênua das crianças.

Talvez esse comportamento pudesse mudar se qualquer postulante a algum cargo diretivo, seja no plano privado, seja no público, estivesse mais alerta para as frustrações que sua atividade certamente vai gerar. Deste modo, ele só estaria habilitado para exercer o poder, se, entre outras qualidades indispensáveis, tivesse a virtude da humildade, capaz de evitar que se embriagasse da maior das vaidades: querer agradar a todos, todo o tempo.

27/06/1999

Armaduras da Solidão

Desde que os homens se entenderam por gente que a solidão constitui uma experiência difícil de ser tolerada. Como somos uma espécie formatada para a vida em comunidade, seja em bandos abrigados em cavernas pré-históricas, seja no acúmulo de pessoas amontoadas em estreitos metros quadrados das megalópoles modernas, os momentos em que nosso olhar não localiza ninguém nas imediações de nossas vidas, tornam-se angustiantes e depressivos.

Muito embora o movimento das populações na direção das cidades, ao redor de todo o mundo, venha aumentando cada vez mais, a vida moderna, com sua correria e com o estreito espaço que oferece para o convívio emocional entre as pessoas, contribui mais para aumentar a sensação de solidão do que para minorá-la. Para o convívio é preciso tempo: tempo sem obstruções, objetivos ou tarefas. Em nossa sociedade, tempo – dizem – é dinheiro. Sem dinheiro, a vida fica perigosamente ameaçada pela pobreza e suas conseqüências. Portanto os homens, amedrontados, vão ficando cada vez mais sós.

Não devem morar muito longe do medo da solidão as razões que propulsionaram os modernos veículos de comunicação ao seu prestígio atual. Utilizar-se de um sistema como a Internet acaba sendo um meio de combater o isolamento promovido pela vida moderna, utilizando meios também modernos. É como se a tecnologia tentasse compensar um pouco as perdas que a Modernidade inflige à vida humana. Usar todos os meios de comunicação, desde a fala até os recursos eletrônicos, é um ótimo alívio para a solidão. É possível, porém, que tal remédio não baste, como não bastem quaisquer outros, principalmente quando estiver em jogo, na experiência de estar só, a sensação de estar na companhia de fantasmas assustadores, capazes de infernizar nossa mente com toda sorte de assombrações. Aí reside o medo maior da solidão.

Talvez essa idéia possa parecer estranha, à primeira vista. Assim, eu gostaria de ilustrá-la com a analogia proveniente de uma piada antiga. É aquela do sujeito que procurou o psiquiatra, queixando-se do hábito de falar sozinho, coisa que muito o incomodava. Quando o psiquiatra procurou tranqüilizá-lo, dizendo que nada havia de anormal naquilo — ele próprio sempre falava sozinho — o cliente retrucou: "*Ah, doutor, mas o senhor não sabe como eu sou chato!...*"

É evidente que o medo da solidão extrapola em muito a chatice. Pois quando estamos sós, estamos em contacto mais íntimo e mais extenso com a totalidade de nosso ser. Estar só, neste aspecto, não nos permite fingir, nem disfarçar. É a experiência que mais nos obriga a sermos sinceros.

Não é à toa que muitas pessoas que temem a solidão apresentam dificuldades para dormir, o que muitas vezes significa dificuldade para sonhar. Pois não há experiência mais individual, íntima, sincera e solitária, além de nascer e morrer, do que sonhar. Quando sonhamos, apesar da refinada teia de disfarces que qualquer sonho nos proporciona, lá esta configurada, do modo mais inexorável, a real feição de nossa personalidade.

Seria um exagero, certamente, se suspeitássemos que toda a turbulência da vida, neste final de século, tivesse como motivo a criação de uma armadura para nos defender, através dum ruído externo ensurdecedor, da arrepiante sonoridade de nossa própria mente. Contudo, o pavor que muitos de nós experimentamos frente à simples possibilidade de solidão, deixa no ar a suspeita de que estamos ainda longe de saber um pouco mais a respeito da difícil arte de conviver conosco mesmos, mais ainda quando não parece haver ninguém por perto para nos proteger de nossos próprios sonhos ou pesadelos.

04/04/1999

Pais de Olho Gordo

"*Os seres humanos tem inveja de todos, com exceção dos filhos e dos discípulos.*" Esta é uma frase do Talmude, livro milenar da sabedoria e tradição ética israelita. Eu não gostaria de passar por herege, ao contrariar uma idéia de alto respeito como essa. Mas não posso evitar dizer que, neste caso, penso exatamente o contrário: temos sim, a capacidade para invejar todos e, em certas ocasiões, especialmente discípulos e filhos.

A simples suposição desse sentimento em nossas mentes já costuma provocar grandes doses de sofrimento. Se imaginarmos que o alvo de nossa inveja são aqueles seres tão amados, que significam a continuidade de nós mesmos e de nossa espécie, então nossa dor pode ser quase insuportável, pois a inveja é uma das mais refinadas e devastadoras formas de ataque que conhecemos.

Ela pode surgir a qualquer momento da relação entre pais e filhos, mas o período crucial para o seu aparecimento é a adolescência. Ao buscar os prazeres da vida com seu furor característico, os adolescentes simbolizam a união de juventude, desejo, vigor, audácia e destemor, que os pais foram obrigados a deixar um pouco para trás ao amadurecer. São justamente estas características que despertam nos pais, como quem acorda um monstro adormecido, enormes quantidades de inveja.

Por ser extremamente penoso admitir sua presença no relacionamento com os filhos, a inveja tende a esconder-se debaixo de outros sentimentos paternos como, por exemplo, a justa preocupação com integridade e segurança, contaminando e desvirtuando sua origem benévola. Isto pode levar os pais a tecer uma extensa teia de restrições que abrange quase todas as atividades dos jovens, principalmente aquelas mais prazerosas: as festas, a dança, a música, o vestuário e sobretudo o sexo. Lamentam que o destino lhes tenha reservado filhos "da pá virada". Invejam ostensivamente aqueles outros pais cujos filhos (nem sempre jovens normais) são cordatos e bem comportados. Vasculham suas atitudes na ansiosa procura do erro fatal que cometeram na educação dos jovens cujo controle, antes tão fácil, agora se lhes escapa por entre os dedos.

A inveja é tão apavorante quanto universal. Portanto, de nada adianta temê-la ou evitá-la, custe o que custar, pois o preço dessa evitação incondicional pode sair bem mais caro do que o seu reconhecimento. Encarar tal inveja com dignidade é a melhor saída. Quando aceita e elaborada, ela pode, surpreendentemente, revelar-se útil e proveitosa, tanto para os pais quanto para os filhos.

Desse duro enfrentamento pode surgir um combustível precioso para operar mudanças e corrigir alguns desvios de curso, principalmente na vida dos pais. Aqueles que, por anos a fio, fizeram de seus filhos sua única razão de viver, a ponto de esquecerem seu próprio bem estar, poderão desistir um pouco de um amor tão tresloucado e ser mais zelosos consigo mesmos. Outros que se sentiam tão perfeitos e indispensáveis, oferecendo-se como ídolos infalíveis e idealizados, poderão descer um pouco desse pedestal e tornarem-se mais acessíveis. Os que se julgavam estagnados e já sem motivações para a vida, poderão ver renascer sua capacidade para o amor, para a criatividade e para as transformações, estimulados por uma competição leal com seus filhos.

Essas e outras possibilidades estarão mais disponíveis para aqueles pais que, admitindo sua inveja, entre outros sentimentos indesejáveis, forem capazes de tolerá-la e aproveitar sua energia atômica para o convívio e para o progresso.

25/07/1999

Não Basta Ser Pai

"*Não basta ser pai: tem que participar!*", dizia o bordão de uma antiga propaganda. Quando ela surgiu, eu ainda era apenas filho, mas ela já me incomodava por seu tom imperioso e sutilmente agressivo. E nenhum publicitário seria maluco o suficiente para meter uma frase dessas pela mídia afora se não esperasse encontrar, no imaginário das pessoas, um terreno fértil para a crítica dos pais voltados exclusivamente para o trabalho, para o provimento material e pouco integrados ao convívio familiar e aos problemas dos filhos. Essa atitude paterna chegou a gerar um conceito psicológico, capaz de produzir problemas nos filhos e arrepios de culpa nos genitores mais zelosos: o chamado pai ausente.

O tempo passou. O mundo, que na época daquela propaganda já mudava, mudou ainda mais. Eu mesmo acabei me tornando também um pai, já não tão assustado pelo risco de ser rotulado como "ausente". Os pais também mudaram – e muito – acompanhando o novo espírito dos tempos. Mas eu suspeito que, nessa trajetória de transformações, alguma coisa pode andar desajustada no comportamento atual dos pais, a julgar pela escalada de violência, drogas, desencanto e ausência de perspectiva que atinge tantos jovens de todas as classes sociais.

Se eu tomasse a minha experiência pessoal como bússola, imaginaria que o pai moderno, no justo esforço de ampliar e diversificar seu papel junto aos filhos, pode ter errado sem querer no jeito e na dose, perdendo duas características que considero fundamentais no papel de pai: a sinceridade e a discrição.

O pai moderno deixou de ser sincero ao acreditar mais nas teorias disponíveis do que em suas próprias convicções. Muito mais preocupado em parecer do que em ser, perdeu muito da naturalidade em seus erros e acertos, tornando-se mais artificial e bem comportado do que espontâneo e verdadeiro. Atitudes assim tendem a parecer inconvincentes para os filhos, gerando neles mais insegurança do que confiança.

Ele também ficou mais propenso ao estrelismo. Antes desfocado do centro das atenções domésticas, hoje ele compete abertamente com esposa e filhos pelo podium familiar. Com isso, ele tende a tornar-se uma fonte de idealizações muito distantes da realidade e fica bastante suscetível às críticas e ao não reconhecimento de suas qualidades, sugerindo fragilidade e pouca auto-estima.

Se digo isto é porque tomo por base não apenas minha experiência como psicanalista, mas principalmente como filho de meu pai, que me ensinou as coisas que fui desenvolver alhures, sem dar-me jamais uma aula sequer. Ele ensinou-me pelo exemplo de seu modo de ser, tão sincero e discreto que levei anos para perceber a intensidade de sua presença em minha vida. Talvez seja essa a missão e o risco de um pai: trabalhar no silêncio, sem depender do reconhecimento que só pode se consumar anos depois. Até lá, seu despojamento e fé poderão ser confundidos com abandono e autoritarismo. Mas pai que é pai não dá bola pra torcida. Segue regando pacientemente o seu canteiro, cujos frutos serão novos e melhores pais.

08/08/1999

O Prazer da Ajuda

O talento para a ajuda é decisivo para a resistência a qualquer forma de penúria humana. Nos tempos difíceis que nosso país atravessa, esse talento para dar e também para receber auxílio, pode constituir um diferencial de qualidade na vida de quem o possuir.

Quando pensamos em ajuda, quase sempre surgem dois conceitos em nossa mente: moral e dinheiro.

Achamos que ajudar é um dever, uma espécie de obrigação imposta pelos deuses, cuja obediência valerá muito em nosso currículo celeste. Se encaramos a coisa por este ângulo, de imediato começamos a lutar com algumas de nossas mazelas mais típicas, tais como o egoísmo e a ganância, a recorrência do remorso, o ressentimento contra nossas próprias limitações. Não leva muito e um pequeno, belo e genuíno impulso para uma modesta ajuda, arrasta-nos para um estado de melancolia e impotência, cuja utilidade prática tende a zero.

Também nem só de dinheiro vive o auxílio. Meter a mão na bolsa e desembaraçar-se de uns trocados pode ser muito fácil, principalmente quando eles não nos fazem maior falta. Noutro extremo, podemos beirar os limites da imprudência quando, acossados por remordimentos morais, dispomos de quantias imprescindíveis para o nosso próprio bem estar ou de nossos dependentes. Nem sempre percebemos que se colocarmos um pouco da nossa atenção, do nosso tempo, das nossas capacidades à disposição de alguma necessidade dos que nos cercam, poderemos atingir valores altíssimos, porém intraduzíveis em moeda corrente.

Acontece que ajudar é uma necessidade a mais entre as muitas que possuímos. Levá-la a efeito traz mais do que alívio à consciência: cumpre um papel análogo à realização de qualquer outro desejo humano. Nestas condições, pouco importa se nossa forma de oferta é monetária ou não. O que vale, no plano mental, é o gesto e o sentido que ele adquire no contexto de nossa vivência emocional.

Desde o começo de nossa vida, fomos expostos à experiência de privação, cujo protótipo universal é a fome. Alguém nos ajudou a vencer este obstáculo fundamental e – ao menos no modo de pensar que a Psicanálise coloca à nossa disposição – nossa mente guardará um registro perene dos detalhes de como esta experiência desenrolou-se para cada um de nós. Assim que aprendermos a articular a fala, chamaremos de "mãe" às pessoas que se encarregaram de nos ajudar a enfrentar a angústia e o desamparo. Teremos, assim, a perspectiva do auxílio, dessa "mãe", gravadas em nossa memória. Ela poderá ser depositada em qualquer pessoa. E em muitas ocasiões, em nossas próprias mães. Porém o que nos transforma em fonte de ajuda é o processo de depositar em nós mesmos essa capacidade. Tornamo-nos, assim, auxiliadores em nossas próprias dificuldades e nas dos outros também.

Por isso é que precisamos ajudar. Auxiliar alguém significa evocar uma lembrança, tornando-a real e presente. Tanto mais seremos capazes disso quanto mais pudermos evocar todos os momentos em que fomos ajudados na vida. Essa é, provavelmente a melhor – senão a única – forma de gratidão de que dispomos: reproduzir, pela vida afora, o que de melhor recebemos em nossa própria vida.

22/08/1999

Nós Fomos Jovens

Muitos adolescentes reclamam – e com razão – da imagem que os adultos tem deles. Desde os pais até a mídia, muita gente encara este período da vida e seus representantes como um manancial inesgotável de tumulto emocional e problemas no comportamento. Chegou-se a ponto de criar um neologismo: *"aborrescentes"*, que serve tanto para gozá-los como para expressar o desconforto dos mais velhos ao ter de lidar com qualquer adolescente à sua volta. Esta impressão de estranheza e reprovação não parece um privilégio exclusivo dos adultos. Há tempos atrás, por exemplo, observei que uma adolescente de minha família fazia questão de trocar o canal da TV assim que começava um programa anunciando um debate "cabeça" sobre os eternos problemas da adolescência: drogas, sexo, rebeldia, Aids, etc. Conversando sobre isso com ela, percebi que nem só de adultos vive o medo de adolescentes: ela mesma ficava assustada com a idade que estava atravessando. Sentia-se discriminada e temia carregar um elemento perigoso dentro de si, capaz de fugir ao seu controle e operar catástrofes a qualquer momento.

Os pais de hoje em dia (entre os quais, eu me incluo) podem estar contribuindo para esta situação por um motivo bastante simples: todos temos a tendência a temer e compreender pouco aqui-

lo que desconhecemos. Nós desconhecemos os adolescentes porque nunca fomos adolescentes.
Não se assuste, leitor. É que ser adolescente é coisa recente; começou a acontecer lá pela década de oitenta. Eu e meus contemporâneos éramos diferentes: em nossa adolescência, nós éramos "jovens".

Ser jovem, nos anos sessenta, correspondia a uma série de comportamentos, expressões, idéias, conceitos e repercussões que diferiam muito do que é ser adolescente hoje. Graças ao desenvolvimento dos meios de comunicação, aquele modo de ser espalhou-se rapidamente pelo mundo afora. E o mundo, meus amigos, balançou!

Era mais ou menos assim: mini-saia, cabelo comprido, amor livre, contracultura, contestação, derrubada do Sistema, psicodelismo, pé na estrada, Woodstock. Nós éramos "pra frente". Nossos pais, "quadrados", "caretas". Fazíamos amor, não fazíamos a guerra. Amávamos os Beatles e os Rolling Stones. Era proibido proibir. E não confiávamos em ninguém com mais de trinta anos.

Pois passaram-se trinta anos. Já estamos meio grisalhos. Tivemos muitos e belos ideais. Talvez o principal deles fosse: sermos melhores (mais "legais"...) que nossos pais. Criar nossos filhos com mais liberdade e amor, sem proibições, sem reprimí-los, sem caretices, tudo isso dentro de uma sociedade mais justa. Nesse meio tempo, nossos heróis morreram de overdose e nossos inimigos continuam no poder.

Agora, somos nós os pais dos adolescentes. Olhamos para eles com a mesma mistura de admiração, perplexidade e temor que antes havia no olhar de nossos pais. Mas há uma importante diferença: os sonhos que sonhávamos eram mais difíceis de realizar. Talvez por isso, nossos filhos hoje pareçam assustadoramente reais, na mesma busca impetuosa e simples de um lugar no mundo. Um lugar só deles, onde – ai de nós! – não há muito espaço para o nosso desejo de três décadas atrás. É justamente isso o que acaba fazendo desses adolescentes, pessoas em tudo e por tudo iguais, em espírito e direito à vida, aos jovens que nós já fomos.

06/09/1999

Proust e o Fim do Mundo

O último dia onze de agosto acabou por não ser o último da História. O mundo não acabou, como chegou-se a prever, mas não foi pela última vez, por certo, que tal profecia correrá os quatro continentes. Nem foi a primeira. Por exemplo: no começo da década de vinte, um cientista americano anunciou para breve o término do planeta, baseado em hipóteses que – é óbvio – não vingaram. Aproveitando essa deixa, um jornal parisiense, chamado L'Intransigeant (O Intransigente), enviou para diversas personalidades da época uma pergunta sobre o que achariam dessa possibilidade funesta e como passariam seus últimos momentos.
Houve tudo quanto é resposta. Uma delas dizia assim:
"*Acho que a vida pareceria subitamente maravilhosa se fôssemos ameaçados de morrer assim, como vocês dizem. Pensem em quantos projetos, viagens, amores, estudos, ela – a nossa vida – esconde de nós, tornando-os invisíveis devido à nossa preguiça que, certa de um futuro, retarda-os incessantemente. Mas se isto fosse ameaçado de tornar-se impossível para sempre, que lindo tudo voltaria a ficar! Ah, se o cataclismo ocorresse, não perderíamos uma visita às novas galerias do Louvre, nem a oportunidade de cair aos pés da srta. X, nem de viajar para a Índia! Mas se o cataclismo não acontecesse, não faríamos nada disso, porque voltaríamos ao coração da vida normal, onde a negligên-*

cia aniquila o desejo. E ainda assim não precisamos de cataclismos para amar a vida hoje. Basta pensar que somos humanos e que a morte pode chegar esta noite."

O autor desta resposta chamava-se Marcel Proust. Naquela época, ele estava a poucos meses de sua própria morte. Vivia quase sempre hermeticamente fechado num quarto forrado de cortiça em seu apartamento na rua Hamelin. Saía muito pouco, apenas à noite, muito encapotado, pois temia que as aragens e o pó traiçoeiros arruinassem sua saúde já debilitada pela asma. Passava o resto do tempo deitado em sua cama, lendo e tentando concluir um romance quilométrico, sugestivamente batizado de *Em busca do Tempo Perdido*, uma das maiores obras de arte de todos os tempos. Sua resposta à ameaça de extinção de nossa espécie continha embutido um alerta contra o desperdício do bem mais fugaz e precioso que recebemos: a nossa própria vida. Aquilo por ele chamado acertadamente de preguiça, traduz um comportamento que observamos em todos nós, cuja fonte principal é o sentimento de onipotência que despreza nossa finitude. Embevecidos pelas realizações pessoais e pelo progresso tecnológico da humanidade, sentimo-nos imunes àquilo que dá sentido à nossa existência: justamente a sua transitoriedade.

Alguns anos antes, Freud observou que a maior aspiração narcísica de que somos capazes é o desejo de eternizarmos nossas vidas, para além de nossa própria mortalidade. Sentimo-nos o máximo e passamos a desperdiçar as chances de amores, prazeres e trabalhos como se, para cada um que perdêssemos, outros tantos viessem a se oferecer, de mão beijada, ao nosso desejo entorpecido pelo tédio de uma vida que nos parece eterna. Por outro lado, muitas pessoas que já passaram por ameaças concretas à sua integridade, testemunharam como essas experiências fizeram-nas reavaliar seus valores, expectativas e objetivos. Quase todas sentem-se mais humanas e passam a dar à vida um valor que nunca suspeitaram existir.

Talvez fosse pedir muito que pessoas normais fossem capazes de conviver tranqüila e constantemente com a possibilidade de desaparecer de uma hora para a outra, como aquelas tantas que temeram o recente anúncio do fim do mundo. Contudo, se nosso narcisismo empedernido nos fizer esquecer de que a arte de viver é longa, mas a vida mesmo é breve, podemos deixar escapar, por entre os dedos, a única vida de que realmente dispomos.

19/09/1999

O Filé da Vida

Toda vez que ia à Roma, Freud dava uma passadinha pelo bairro do Aventino, onde fica a igreja de Santa Maria in Cosmedin. Numa das paredes externas do templo, há uma escultura em baixo relevo, apelidada de Boca della Verità (boca da verdade). Esta figura de pedra, quatro séculos mais velha que Cristo, representa um rosto masculino, de olhos esbugalhados e boca escancarada, com um aspecto assustador. Parece ter servido como uma espécie de ralo. Em torno dela, os romanos criaram uma lenda: se algum mentiroso colocasse as mãos naquela bocona, os lábios de pedra fechariam sobre elas, esmagando-as sem dó (expediente muito usado, no passado, para testar a fidelidade das senhoras romanas...) Mesmo sem levar a sério a crendice, Freud fazia questão de meter sua mão pela bocarra adentro, mostrando, com bom humor, para seus acompanhantes, como estava comprometido com a verdade.

Precisamos mesmo de muita coragem e bom humor para enfrentar a cara feia das verdades do viver. Basta corrermos os olhos por um jornal para saber o que é isso. A feiúra da vida, às vezes, parece tanta, que somos tentados a fugir da verdade. Podemos virar mentirosos – não daquele tipo trivial, que conta mentiras para enganar os outros – mas dum outro tipo, tão curioso quanto freqüente, que só ilude a si mesmo, mas não engana ninguém. Freud tinha bastante experiência com essa espécie de mentirosos, que chamamos de neuróticos.

Se eu dissesse a vocês que as neuroses nossas de cada dia – ou neuras, como os jovens nos habituaram a chamá-las – resumem-se a isso, estaria sendo tendencioso, ao apresentar apenas o lado amargo da situação. Apesar delas tecerem lentamente uma armadilha de ilusões à nossa volta, uma vida sem uma pitada de neuras seria também modorrenta, burocrática, chata e insuportável. As neuras tem, ainda mais no seu princípio, um encanto especialíssimo, responsável por muito do charme que torna o viver apetitoso e excitante. Não é à toa, pois a matéria-prima que as forma é a mesma que forma o sonho e a Arte.

Essa matéria prima brota de nosso amor pela satisfação, pelo certo das coisas, pela realização dos desejos, pela beleza, pela felicidade geral. Logo percebemos que o mundo pode esmagar esses desejos como aquela carranca romana. Então, para driblar tais perigos, começamos a criar, aqui e ali, pequenos refúgios para o nossos sonhos. Vivemos boa parte do tempo no campo do adversário, onde imperam a realidade e a verdade. Mas sempre achamos que a vida, com vê maiúsculo, é mesmo aquela outra, que curtimos quietinhos, no silêncio íntimo de nossa mente, longe das ameaças do mundo, na certeza de vermos, um dia, a realização de nossas aspirações mais secretas.

Acontece que, de vez em quando, erramos na dose e as nossas neuras, antes inofensivas no seu papel de temperos, azedam o sabor da existência, tornando-a apimentada demais. Nosso refúgio transforma-se em prisão, deixando-nos paralisados e impotentes. O sofrimento parece, então, um preço tão alto a pagar pelos nossos desejos que pensamos que a única saída que nos resta para ter um pouco de paz, é abandoná-los totalmente.

Pelo contrário: a realidade não exige de nós o abandono de nossos desejos, mas sim a tarefa difícil, mas não impossível, de harmonizá-los com os desejos dos outros que, só então, passamos a tratar como iguais, sem medo e com tanto respeito por seus desejos quanto respeito temos pelos nossos.

Então poderemos alcançar uma relação mais cordial e amistosa com o mundo real, suas regras e seus mandatos, sem precisarmos deixar de ser nós mesmos e sem permitir que a realidade esmague nossas mais genuínas aspirações. Afinal, como dizia Woody Allen, a realidade pode ser terrível, mas ainda é o único lugar onde se pode comer um bom filé...

03/10/1999

INEVITÁVEL AMOR

"*Filhos... Filhos? Melhor não tê-los!*", era o que dizia um verso que acabou famoso, escrito por Vinícius de Moraes. É chato alguém pensar assim, já que ter filhos e ter amor por eles, parece coisa pronta pela Natureza, uma espécie de ordem dos instintos. Não tê-los seria, portanto, contrariar um inquestionável mandato superior. Ora, se assim fosse, não teríamos filhos: teríamos crias, como o fazem, talvez sem se dar conta, outras espécies animais.

Mas, se nossa espécie é diferente das outras em muitas coisas, no que tange aos descendentes é mais diferente ainda pois adquirimos, ao longo dos séculos, um certo poder de decisão sobre tê-los ou não, do jeito que sugeria o poeta que acabei de citar.

Adquirimos mesmo? Nem sempre. Um belo dia – só para considerar exemplos, digamos, politicamente corretos – a esposa chega para o marido e, com um jeito que é só delas, esposas, diz estar grávida. Marido, que é marido, sempre assusta. Alguns se recuperam logo, assumem e ficam felizes no limite da baba. Outros alegram-se polidamente, mas ficam discretamente aflitos, pensam nas despesas, do obstetra imediato à Universidade remota. Se o filho é inaugural, muitos maridos, eles mesmos mal saídos do papel de filhos, sentem-se ainda muito verdes para ingressar no

Clube dos Pais. Mas, nem bem percebem, já são assaltados por imagens de passeios, festas, viagens e parques de diversão, tendo a seu lado um serzinho miúdo, de olhar amoroso e mãos gorduchas, caminhando naquele espaço que estava, até então, vazio.

Por essas e mais outras, um psicanalista francês chamado Jacques Lacan costumava dizer que o filho já existe no projeto mental dos pais, muito antes até dos pais se conhecerem. Uma menina brincando com suas bonecas ou um garoto armando batalhas com personagens agressivos, podem já estar vislumbrando alguma coisa que, um dia, dará em filhos. Crescidos, estarão marcados por uma forte e natural propensão para tê-los.

Ainda assim, ter filho não é apenas cumprir um decreto do instinto pois nada se resume exclusivamente a instintos se a vida, em questão, for humana. Tem sempre a mente no meio. Tê-los ou não, querê-los ou não, amá-los ou não – nada disto está pré-determinado em parte alguma e tudo está por ser escrito quando nós e nossos filhos aparecermos, uns perante os outros, no meio do redemoinho da vida.

Como os filhos são frutos de sexo e o sexo leva à mistura, acabamos misturando, além de genes, hábitos, histórias e desejos de um casal. Essa mistura se expressa tanto na criação do filho como em sua atitude básica perante o mundo, que chamamos de caráter. Se esta mistura dá certo, isto é, se ela produz uma criança que acaba ficando dentro dos limites da normalidade, ela será capaz de conquistar ativamente tanto o seu lugar em meio à família quanto o respeito, o amor e, sobretudo, a sincera admiração de seus pais.

Como resistir, então, a uma criança de boa vontade, cujo crescimento vamos, ao longo dos anos, testemunhando até mais do que promovendo? *"Melhor não tê-los!"*. Mas como evitá-los? E quando eles são assim – admiráveis na sinceridade de seus bons propósitos ou mesmo quando embirram e teimam em disfarçar sua sincera bondade – como não amá-los?

17/10/1999

NA MASMORRA DAS PAIXÕES

Viver em liberdade é um dos mais inestimáveis bens que podemos conquistar. Quem já viveu sem ela, numa prisão ou numa ditadura, sabe do que estou falando. Bem, os ditadores, felizmente, também passam. Mas nem sempre precisamos deles para viver aprisionados. Basta surgirem, no horizonte de nossa mente, os contornos irresistíveis de uma paixão, para a saltarmos de cabeça no miolo do seu redemoinho. Daí adiante – e por um bom tempo – viveremos engaiolados. É uma penitenciária invisível, deliciosa e magnífica. Ai de quem nos oferecer uma brecha para fuga: será tratado como o mais invejoso dos inimigos!

Ao contrário do que parece, paixão e amor pouco tem de comum entre si. As paixões são enclausurantes, escravizantes, envolventes, eletrizantes, imediatistas, quase paranóicas. Já o amor, que pouco tem a ver com este clima pirotécnico, se comparado à efervescência de uma paixão, parece até bem chatinho. Ele exige uma série de atitudes, responsabilidades, compromissos com a pessoa amada que, no terreno frenético das paixões, nem sequer são considerados. Amar também não nos obriga a dispensar nem o bom senso, nem a capacidade de enxergar defeitos, incompatibilidades e riscos. Podemos amar com liberdade, enquanto uma paixão combina mais com a libertinagem.

No terreno das paixões, o que conta é o sujeito, não o objeto. Explico melhor: o maior de todos os nossos objetivos, quando estamos apaixonados, é a nossa própria satisfação. Por mais que nos doa reconhecer, somos nós o único interesse de nosso desejo passional. O restante vira resto e fica em segundo plano.

Deste modo, quando nossa propensão para as paixões está em alta, qualquer coisa serve para despertá-las. Geralmente, estamos mais afiados para pensar nas paixões amorosas, que são um excelente exemplo de paixão mas estão longe de ser o único. Encontramos pessoas apaixonadas por dinheiro, sucesso, trabalho, ideologias, poder e por outras coisas. Também conhecemos os graus mais intensos e mais malignos da paixão: os vícios.

Em todas essas circunstâncias, nossa liberdade de escolha definha. As mais triviais atitudes, como distribuir o tempo entre afazeres e lazer, escapam de nossa guarda. Nada pode ser feito sem consulta prévia ao nosso tirano particular, quer seja ele uma mulher, um partido político ou uma substância química. No começo, pensamos ter esses mini-ditadores sob total controle. Doce ilusão! E ilusão em dose dupla, pois essas figuras que amamos tresloucadamente não passam de pretextos. São apenas telas sobre as quais projetamos nossa sede insaciável de realização pessoal. Esta sim, é a nossa fonte de martírio, que permanece invisível durante um bom tempo.

Despertar dessa sofrida embriaguez pode descambar em tragédia, como os romances e os jornais acabam testemunhando. É que, debaixo do manto fascinante da paixão, há muito ódio escondido, muita ambivalência negada e uma ferocidade, brutal e faminta, pronta para saltar sobre o ser amado incondicionalmente até a véspera. Mas esse desfecho sinistro é mais raro. O mais comum é reagirmos como o personagem de Proust que, passados os efeitos de uma devastadora paixão, dizia assim: *"E dizer que eu estraguei anos inteiros de minha vida, que desejei a morte, que tive o meu maior amor, por uma mulher que* não me agradava, que não era o meu tipo!" Nesse *day-after*, em meio a essa ressaca digna de um porre espetacular, restará um consolo: saber que são essas paixões a única e indispensável vereda de que dispomos para aprendermos, a duras penas, a sermos livres para amar de fato.

31/10/1999

O Espectro da Recuperação

Conforme vai chegando o fim do ano, retorna à cena familiar um personagem tão infalível quanto ceias e presentes de Natal. Não é o Papai Noel, mas ele aparece também em busca de crianças e jovens. Não para lhes dar presentes por um ano de bom comportamento, mas para oferecer uma chance que mais parece um castigo. É o exame de recuperação. No meu tempo de aluno, ele chamava-se *segunda época*. Tinha a mesma face feroz e ameaçadora de agora, acrescido de um agravante: era marcado para o final de janeiro, lesando as férias de toda a família e azedando ainda mais o clima doméstico.

A mudança para um nome mais sugestivo e para uma data mais conveniente não alterou uma perspectiva sombria que continua pairando sobre a cabeça dos alunos, tanto hoje como antigamente, pois a recuperação traz embutido um risco iminente de perder o ano. É justamente esse risco que acaba por alastrar o clima emocional desse exame para toda a família. Por isso eu acredito que as chances maiores ou menores do aluno passar ileso por essa prova fatal, evitando o fantasma da repetência, dependem de como sua família reage a essa situação. Esta reação dependerá do papel que os pais dão ao aprendizado. E isto dependerá, por sua vez, da experiência que os pais tiveram quando eles próprios foram alunos.

Cito, como exemplo, um casal de amigos que conheço desde meus tempos de infância. Ambos foram alunos brilhantes e acabaram tornando-se professores universitários de prestígio. Tiveram um primeiro filho que ficou famoso em seu colégio pela excelência de seu aproveitamento. Já o segundo ficou freguês de recuperações. Ao perceberem que o aproveitamento do mais novo claudicava, os pais, que nunca souberam o que era tirar uma nota reprovada, entraram em pânico. De início, tentaram assumir o papel de professores domésticos. Como santos de casa não fazem milagres, só perderam tempo e paciência. Depois correram uma via sacra atrás de médicos e psicólogos, buscando encontrar no filho algum defeito neurológico ou mental. Felizmente, não acharam nenhum, pois o garoto era até bastante talentoso, mas de um talento muito diferente de seus pais e de seu irmão "ferroso". Percebendo isso, meus amigos acabaram aceitando tomar algumas providências mais simples e eficazes, como contratar professores particulares. Mas não ficaram nisso: passaram a cuidar mais de apoiar o garoto, transformando-se em torcedores tão apaixonados quanto realistas, a ponto da mãe me confessar, recentemente, que quase chorou de emoção quando seu filho tirou seis e meio numa prova de Física ...

Notem que a reação familiar nada tem a ver com a melhora objetiva do rendimento escolar de um filho. Isso vai depender de muitos outros fatores que fogem totalmente do alcance dos pais. Mas se eles reagirem com solidariedade ao invés de ressentimento, resignação ao invés de revolta, esperança ao invés de apatia, enfrentamento ao invés de conformismo, providências ao invés de onipotência, seus filhos até poderão perder um ano, caso outras circunstâncias assim o determinem, mas não perderão seus pais. Ao contrário: poderão viver uma das primeiras situações difíceis que a vida pode oferecer, sentindo que possuem pais de verdade ao seu lado.

Deste modo, pode haver mais do que uma mudança de nome quando se chama a antiga segunda-época de recuperação. Ela pode ser uma oportunidade real e inestimável para o aluno recuperar porções de auto-estima e amor-próprio, abalados por um eventual desacerto no seu desempenho escolar, através de uma transfusão de força, confiança e amor de seus pais.

14/11/1999

Mulheres Desencantadas

Ouço muitas mulheres dizendo que o mercado anda fraco no que diz respeito a homens disponíveis. Os poucos que surgem, contam elas, parecem desinteressantes, frágeis e estúpidos. Mulheres que vivem relações pouco satisfatórias, preferem não arriscar um novo companheiro, temendo acabar com alguém ainda pior que o anterior. Outras, que tentam um segundo relacionamento, afirmam que só conseguem arrumar algum parceiro se baixarem bastante o seu nível de exigência. Até as mais novatas, que antigamente suspiravam por um príncipe encantado, não escondem o medo de acabar achando apenas um sapo desengonçado.

Noto também que as queixas mais contundentes contra os homens surgem entre as mulheres que conseguiram maiores índices de emancipação social. São profissionais capacitadas, em condições de pagar suas despesas e tocar suas vidas sem precisar de auxílio adicional. Como estão livres de qualquer dependência material, é de esperar que busquem, num homem, muito mais um parceiro do que um provedor. Isto obriga-as a mudar bastante os critérios utilizados no passado para a escolha de um companheiro. Há poucas gerações atrás, se um rapaz fosse "honesto e trabalhador", já seria considerado um "bom partido". Hoje em dia, muito homem, que se restrinja a estas qualidades, pode ser posto porta à fora do lar, sem aviso prévio nem direito à defesa, porque não era também atencioso, sensível, compreensivo, companheiro, aberto a discussões sobre a relação, nem tampouco capaz de repartir as tarefas domésticas e os cuidados com a prole.

Temos tudo para acreditar que todas essas reclamações sejam procedentes e que não estejam longe da verdade ao constatar que nós, homens, não somos mesmo lá essas coisas em diversos quesitos de nosso comportamento. Porém fica difícil atribuirmos esse desencanto feminino com o nosso sexo a uma possível decadência masculina atual, uma vez que a História não parece registrar nenhum período de esplendor do qual pudéssemos – aí sim – decair.

Acontece que todo o desejo de mudança traz consigo a ambivalência. É ela que se combina com a evidente incapacidade masculina para entender as mulheres, formando o combustível que alimenta as reprimendas femininas contra nosso sexo.

As mulheres quiseram mudar. Recusaram repetir aquele papel desempenhado por suas mães: casamento tradicional, trabalho doméstico, dependência econômica e emocional dos maridos. Com tal recusa, confiavam num destino melhor, quem sabe capaz de redimir suas mães daquela vidinha melancólica e submissa.

Sem modelos para seguir, é natural que elas paguem o preço do pioneirismo. É natural também que, a cada passo dado à frente nessa rota desconhecida, uma força interior puxe-as para trás, de volta ao borralho. Essa força aparece disfarçada de uma espécie de saudade – um banzo do avesso – daqueles "bons tempos", quando era moda esperar que alguém (um homem) reunisse todos os ingredientes para fazê-las felizes. Como só aparecem homens cotidianos, elas reclamam. Mas a frustração com a notória incompetência masculina poderá ser o antídoto capaz de prevenir que elas recuem em sua jornada renovadora e de ensiná-las a esperar mais de si mesmas do que dos outros, condenando-as inapelavelmente à liberdade.

28/11/1999

Um Século de Sonhos

Há cem anos atrás, foi dado o ponta-pé inicial da criação da Psicanálise. Aconteceu em Viena, com a publicação de "A Interpretação dos Sonhos", volumoso livro da autoria de Sigmund Freud. Embora sua repercussão imediata tenha sido discreta, suas conclusões foram sendo cada vez mais valorizadas e hoje ele é considerado um dos mais importantes textos do nosso século. Você mesmo, leitor, já deve ter lido mais de um artigo celebrando o seu centenário. Toda essa comemoração, contudo, só teria algum sentido se essa obra pudesse tornar a sua vida, leitor, e a vida de qualquer outra pessoa, melhores do que estavam antes dela ser publicada.

E o que, afinal, Freud apresentou de novo nesse livro que merecesse atenção para seu conteúdo e comemoração para seus aniversários? A julgar pelo título, ele formulou uma maneira de entender o significado dos sonhos. Mas isso já era feito desde que o mundo é mundo. Basta você ler a Bíblia para ver que alguns patriarcas, como José do Egito e o profeta Daniel, interpretavam sonhos de faraós e reis gentios, com bons resultados. Dizem também que César, o imperador de Roma, não deu bola para um sonho agourento que sua esposa teve na véspera de uma fatídica visita ao Senado, onde ele acabou sendo esfaqueado. Também

Shakespeare, em peças como "*Romeu e Julieta*", citava-os como um reflexo de nosso modo de ser. Sendo assim, todo esse alvoroço em torno de "*A Interpretação dos Sonhos*", pode não passar de muito barulho por nada...

A novidade do trabalho de Freud está posta tanto nas linhas como nas entrelinhas de seu texto mais famoso. Ao retirar dos sonhos, uma a uma, as crostas de crendices populares e eruditas que os envolviam, ele revelou que suas imagens confusas são realizações dos desejos proibidos que povoam nossa mente. Esses desejos não são apenas impedidos de se tornarem reais: eles não podem ser sequer reconhecidos como coisa nossa. Por isso, somente à noite, quando relaxamos o implacável patrulhamento de nossa vigilância, é que esses desejos fora-da-lei podem mostrar a cara, assim mesmo debaixo de pesada maquiagem e de sutilíssimos disfarces. Essa parafernália de camuflagens, faz nossos sonhos parecerem profecias, mensagens telepáticas ou simples desatinos que nos impedem de reconhecer a face do único protagonista de todas as cenas que criamos ao dormir: nós mesmos.

Nas entrelinhas de seu texto, contudo, Freud dá uma tacada mais audaciosa e de alcance ainda mais longo: ele sugere que o núcleo da vida humana está mais perto do sonho do que do raciocínio lógico. Outros já o tinham feito, mas sempre utilizando a metáfora e a imaginação poética. Freud foi o primeiro cientista que, usando exclusivamente métodos científicos, ousou afirmar que a vida é sonho.

Ele reconheceu que o sonho é encarregado de processar e digerir todas as idéias e emoções que circulam em nossa mente. Através disso, nossos sonhos produzem a matéria prima de todas as nossas conquistas. Quem não sonha, não progride, não inova, nada realiza. Todo o progresso de nossa espécie está, portanto, baseado nessa atividade singela, natural e espontânea, que não requer prática, nem habilidade.

Sonhar, nós sempre sonhamos. Mas foi Freud quem nos ensinou a levar a sério e a valorizar os nossos sonhos, pois eles constituem momentos de acesso à nossa verdade interior mais genuína. Essa espécie de retrato fiel de nossa personalidade, manda avisos ou conselhos para nós mesmos, todos os dias, gratuitamente, enquanto estamos a sós, dormindo. Com seu livro revolucionário, Freud mostrou-nos como ouvir essas mensagens e aproveitá-las melhor. Não é à toa que se comemora o centenário de *"A Interpretação dos Sonhos"*, pois uma sugestão simples, útil e barata como essa, não surge a toda hora.

12/12/1999

Solidários no Sucesso

Família é um organismo composto por pessoas de diferentes idades, atuando em diferentes funções. Esse conjunto organiza-se para unir forças, visando superar nosso natural desamparo frente aos perigos da existência, principalmente em face da solidão e da morte. Quanto mais houver diferenças entre as atribuições de cada membro, quanto mais estas atribuições coincidirem com as habilidades do membro e quanto mais essas atividades forem harmônicas entre si, mais forte e capaz será a família assim constituída. Mas este ponto de equilíbrio ideal é muito difícil de se atingir, pois não há qualquer modalidade de contrato na constituição de uma família (além de casamento e registros de nascimento), nem de escolha de seus membros.

Por ser impossível construir uma família com base em avaliações prévias de seus componentes – como se poderia tentar construir, por exemplo, uma orquestra, a partir da audição de diversos músicos em separado – só podemos enfrentar as dificuldades que surgirem já em pleno show, isto é, ao longo do viver, sem qualquer possibilidade de ensaio. Assim, quando um membro começa a desafinar ou a tropeçar nas notas de sua parte, os outros membros do conjunto poderão compensar esta falha através de improvisações que restituam a harmonia do grupo. Já quando um dos membros aparece isolado num solo, cabe aos demais a tarefa de acompanhamento, sem a qual, o solista ficará brilhando sem nenhuma sustentação. Embora não pareça, essa situação constitui um problema sério, cujas conseqüências não atingem apenas o eventual solista, mas põem em risco todo o conjunto familiar. A razão é simples: um dos elementos que solda, entre si, as peças de uma família é a solidariedade. Parente distante do amor, ela é a capacidade de evitar que uma pessoa se sinta muito só, com suas tristezas e também com suas alegrias. Entre nós, seres humanos, nada causa pior impressão do que constatar que não temos ninguém que compartilhe nossas experiências, que consiga entrar numa espécie de ressonância ou eco com as sonoridades que produzimos. Só adquirimos a certeza de termos vivido e sentido algo – e por extensão, de que somos vivos e reais – quando ouvimos algum tipo de resposta de nossos pares. Paradoxalmente, é mais fácil encontrarmos solidariedade familiar quando estamos sofrendo. Duro mesmo é acharmos quem compartilhe conosco nossos momentos de vitória.

Embora sempre pensemos o contrário, é nos momentos em que um membro familiar brilha que ele mais precisa dos demais componentes em torno de si. E são estas ocasiões onde ele corre mais riscos de sofrer com atitudes desprestigiosas de seus parentes. O fator que leva a essa reação descuidada é a rivalidade insuflada pela inveja. Ao brindar com ressentimento as façanhas de um filho ou de um pai, a rivalidade leva-nos a evitar comemorações, homenagens, festas e quaisquer outras manifestações de uma realização que, afinal, é sempre fruto do conjunto. Compartilhar a dor de alguém – nesse contexto – é muito mais fácil. Difícil mesmo é compartilhar a alegria e o prazer. Não era por outra razão que Otto Lara Rezende afirmava que seus compatriotas mineiros só eram solidários no câncer. Se estivermos alertas para essas erupções de rivalidade invejosa, poderemos demonstrar nossa solidariedade, reconhecimento e apreço também quando um dos nossos se destaca e se realiza com sucesso.

26/12/1999

INGRATIDÃO

Tudo o que há de bom na vida é virtual, silencioso e dura pouco. A tendência de um bom momento é, portanto, passar desapercebido. Por isso, saber curtir o que a vida tem a oferecer, enquanto por ela passamos, é um talento invejável. Mas essa habilidade, que começa no berço, recai de forma desigual sobre os seres humanos. Mesmo assim, ela pode ser desenvolvida e refinada ao longo da vida. Ou pode ser desperdiçada, coisa bem mais comum de se encontrar entre as pessoas.

Tomemos, por exemplo, aquele tipo de reação que nos acomete de quando em vez e que nos leva a atirar no lixo as oportunidades de sermos felizes, ainda que dentro dos limites naturais da nossa capacidade. Esse nosso comportamento poderia ser expresso a partir de uma frase que os católicos ouvem durante a missa, quando o padre, dirigindo-se a Deus, implora: *"Não olheis para os nossos pecados, mas para a fé da Vossa Igreja!"* Pois bem: quando estamos tomados por esse espírito de porco, olhamos apenas para os "pecados" que a vida comete contra nossas expectativas, frustrando-as. Essa disposição mental, fuinha e maligna, faz de nós pessoas intratáveis e birrentas. Chamamos essa atitude de ingratidão.

A ingratidão impede-nos de olhar para o trabalho realizado em qualquer circunstância da vida. Mais do que calar em nós o elogio e estimular a crítica, a ingratidão leva-nos a negar todo o bem que recebemos e a dar destaque somente àquilo que nos falta. Ela faz de nós uma espécie de caolhos mentais, que tem olhos de lince para as frustrações mas permanecem cegos para as conquistas. O pior é que esta postura – afinal de contas, parcial e injusta – quando mira nas pessoas que conosco falham, estará acertando, principalmente, em nós mesmos.

É impressionante quantas vezes é preciso que alguma boa alma nos aponte aquilo que fomos capazes de realizar mas somos incapazes de reconhecer, por que estamos entretidos com as tarefas que ficaram incompletas. Só então percebemos como é difícil dizermos obrigado para nós mesmos uma vez que, apesar de todas as nossas limitações tipicamente humanas, conseguimos pagar nossas contas, manter a saúde, criar os filhos, tocar a vida e até mesmo sermos, de vez em quando, felizes. Talvez essa palavra de agradecimento entale em nossa garganta porque, ao ser dita para nós, ela nos faça perceber, automaticamente, o quanto somos também devedores de uma corrente imensa de esforços de outras pessoas, conhecidas ou anônimas, da qual faremos parte somente quando reduzirmos nossa arrogância e nossa pretensão a sermos mais que um simples elo na cadeia da vida.

Agradecer não é fácil porque demanda abandonarmos nossas aspirações à auto-suficiência e reconhecermos nossa condição diminuta perante a grandeza contínua do fluxo da vida. Ao mesmo tempo, retira de nossos ombros a pesadíssima carga de exigências de infalibilidade. *"Satisfação garantida ou seu dinheiro de volta"* pode ter sido um bordão comercial eficiente, mas aplicá-lo para o viver traz é muitos prejuízos, dos quais só nos livramos se podemos brindar os feitos, as tentativas e a boa vontade dos que nos satisfazem ou nos frustram com um gesto de agradecimento.

09/01/2000

FAZER E MANTER

Michelangelo levou aproximadamente quatro anos para cobrir, com seus deslumbrantes afrescos, o teto da Capela Sistina, no Vaticano. Pois foi necessário mais do que o dobro desse tempo – quase dez anos de trabalho árduo e meticuloso – para limpar a imensa camada de poeira, fuligem e gordura acumuladas, ao longo de quinhentos anos, sobre as imagens que o artista concebeu. E será preciso cuidar continuamente dessa obra fundamental da Humanidade para impedir que ela volte a ser ameaçada pela degradação.

Na Arte, como na vida, criar é uma tarefa muitas vezes difícil, mas manter aquilo que construímos é sempre mais difícil ainda. Tudo – das plantas às pessoas, das casas aos amores – precisa de atenção, trabalho e reparos constantes, caso contrário sucumbe à ação do tempo e ao descaso das pessoas.

O trabalho de conservação é mais complicado porque requer constância, determinação e paciência, características nem sempre fáceis de se encontrar no mercado, e também porque seus resultados são discretos e silenciosos; pouco propícios, portanto, para exercícios de pretensão e vaidade. Se o ato de criação parece lembrar uma espécie de explosão momentânea de criatividade, força e ânimo (similares ao estado emocional que conhecemos por paixão), a manutenção lembra-nos mais uma relação de amor que se espraia em longo prazo, queimando em fogo baixo e lento, porém constante. Preservar é um gesto que carrega embutida uma grande dose de renúncia, pois geralmente não traz fama aos seus executores, que permanecem anônimos, não figuram em placas comemorativas e nunca sonham com o espetáculo das inaugurações. Manter aquilo que construímos também é uma tarefa sem fim, cuja duração ultrapassa as gerações.

A necessidade de manutenção não se restringe apenas ao universo concreto dos objetos criados por nossas mãos e visíveis a olho nu. Ela é exigida também pelas relações que vamos construindo ao longo da vida. A amizade, o casamento, o vínculo entre pais e filhos e tantas outras formas de ligação pessoal, não caem do céu em nossa horta. Portanto podem deteriorar com surpreendente rapidez se não pudermos regá-las periodicamente com doses de trabalho e interesse capazes de mantê-las em bom estado.

Como esse investimento é custoso e tende a ser pouco reconhecido, torna-se comum a idéia de que preservar um relacionamento é desdobrar-se em atividades espetaculares, para combater a monotonia e para transformar cada momento numa experiência inesquecível. Esse comportamento, parecido com os animadores de programas de auditório, costuma ser extenuante e reduz a frangalhos até as pessoas mais disponíveis.

Não se pode viver matando um leão a cada dia. Além do mais, conservar a integridade dos relacionamentos que confeccionamos depende muito mais de atitudes pequenas e contínuas, da presença constante, da atenção aos detalhes, da observação sensível, paciente e criteriosa. Tal combinação é muito mais eficaz para detectar as áreas mais desgastadas e muito mais feliz na hora de propor providências para eliminar a ferrugem. Quando agimos assim, o tempo deixa de ser um inimigo perigoso e passa a trabalhar a nosso favor, pois quanto mais ele passar, mais oportunidades nós teremos para manter desperto o vigor dos vínculos fundamentais da nossa vida.

23/01/2000

Escultores do Futuro

Um colega contou ter descoberto, numa cidade do interior, um artesão cuja especialidade era esculpir elefantes em madeira. Impressionado com a qualidade das peças, o colega perguntou ao artesão como ele fazia para obter aquele resultado tão bom. Então ouviu o seguinte: "*É muito simples, doutor: eu pego na madeira e vou tirando tudo que não é elefante. Sobra o elefante...*" Essa resposta, sutilmente genial do artista caboclo, esta sintonizada na mesma freqüência da frase dita por Michelangelo, possivelmente em Carrara, quando perguntaram por que diabo ele estava olhando tão pasmo para um enorme bloco de mármore, recém separado da rocha: "*Não estão vendo? É Moisés! Agora eu vou tirá-lo daí de dentro!*"

Um parente meu era assim: uma espécie de obra de arte dormindo, há anos, dentro de uma grossa porção de material estranho à sua verdadeira natureza. Na infância fora um menino vigoroso, ativo, falante, tão desinibido a ponto de tornar-se o contador de piadas favorito da nossa família. Conforme ia crescendo, foi ficando sério, quieto, tímido, retraído. Um dia, quando comentei com ele a respeito dessa mudança, ele me disse que tinha a impressão de ter perdido aquele menino, como um pai que perde um filho na multidão. Porém mantinha a esperança de reencontrar-se consigo mesmo, algum dia.

Tornou-se arquiteto. Amava sua profissão, era reconhecido por seu talento, mas não deslanchava no trabalho. Apesar de ser criativo e original, sentia-se incapaz de levar adiante algum projeto que não parecesse semelhante às realizações de outros colegas, cujo trabalho admirava. Acabava por sentir-se uma espécie de imitador.

Uma noite, ele sonhou que o renomado arquiteto catalão Gaudi – figura que ele idolatrava com especial paixão – aparecia com um maço de projetos de teatros, todos feitos pelo meu parente, e dizia que estavam todos ótimos, que não deveriam ser modificados em nada. Ao despertar, ficou pensativo no sentido daquele sonho incomum. Sentiu que era uma espécie de ousadia sua sair por aí, sonhando com um vulto tão ilustre. Era justamente essa ousadia, tão farta em sua infância, que viera a faltar agora, na maturidade.

Ousadia e atrevimento, características indispensáveis para o progresso, só podem estar presentes em nós quando existe desapego e resignação. Só podemos ser ousados quando percebemos que não conseguiremos jamais realizar o sonho de ser como aqueles que passamos a admirar pela vida afora. A espessa camada de material, mais dura que a madeira e o mármore, que nos envolve e nos sufoca, é feita desse desejo tresloucado de sermos igualzinhos às pessoas que mais amamos e admiramos na vida.

Um escultor retira, da pedra, um animal ou um profeta. Nós, ao contrário, vamos colocando, sobre nossa personalidade, camadas e mais camadas dessa aspiração insana de ser quem não somos, por medo de desagradar a quem amamos. Em estreita parceria com nossos criadores, vamos, aos poucos, erguendo esse personagem fictício, mais propenso à imitação do que à inovação. Ao mesmo tempo, precisamos respirar, para consumar nossa verdadeira missão, venha ela dos céus ou das combinações genéticas. Viver é preservar, mas também é renovar. Se o amor pela vida prevalecer, acabaremos deixando de lado aquelas figuras queridas e suportaremos, mesmo a duras penas, a imensa dor dessa separação. Aí sim, poderemos ser, finalmente, os escultores de nós mesmos.

06/02/2000

O Segredo do Fracasso

É sempre muito difícil colocar, no varejo da prática, aquilo que aprendemos no atacado da vida. A toda hora somos surpreendidos por nossa reincidência em erros que imaginávamos definitivamente extintos de nosso horizonte. Como se fossem monótonas almas penadas, eles voltam a pairar sobre nós, impondo seus métodos manjados e desencadeando as mesmas conseqüências previsíveis.

Quando esse repetitivo cortejo de eventos começa, significa que estamos atolados em algum tipo de aderência a modalidades de pensamento e relacionamento que, apesar de caducos, seguem na ativa, em algum recanto de nossa mente. A manutenção desses comportamentos fora de moda indica também que alguma transformação já deve estar em marcha em nosso interior, mas emperra numa espécie de saudade inconsciente que insiste em não nos abandonar.

Então começamos ser tentados a atribuir nosso insucesso à presença maligna de forças supostamente superiores e fora de nosso alcance, tais como o destino e o azar. Podemos culpar, também, algumas pessoas em torno de nós, como os pais e os cônjuges, até entidades mais distantes e abstratas, como governos, sociedades e sistemas. Não demora muito e começamos a criar mais e mais fantasmas, prontos para desempenhar o papel de inimigos numa luta renhida, cujo final inglório parece perder-se no infinito.

Porém sempre chega uma hora em que esse esquema revela, com claridade meridiana, a sua natureza viciosa. Na maioria das vezes, somos colhidos de surpresa por um sonho, onde as coisas mais inalcançáveis parecem deslanchar milagrosamente. Então surgem condições para revelar-se, diante dos nossos olhos, o segredo do nosso fracasso. Se o que esta em jogo é a repetição abobalhada de equívocos conhecidos, o que costuma se revelar é a nossa teimosia. Não uma teimosia qualquer, vulgar e cotidiana, mas outra, bem mais sofisticada, disfarçada, silenciosa e inconsciente, que nada mais é do que uma das personificações da nossa tão temida e constante agressividade.

É muito comum que pessoas de expressão dócil e cordata, tenham sido crianças voluntariosas e quase tirânicas. Com o passar do tempo, esses mini-monarcas domésticos acabam destronados pela vontade soberana do mundo, geralmente expressa pela ação dos pais. O resultado é que os teimosos insuportáveis viram – às vezes com rapidez suspeita – um adulto em miniatura, tolerante, compreensivo e paciente. O alívio é geral, pois o desaparecimento dos tiraninhos amplia o espaço para o desenvolvimento de outras características mais aceitas da personalidade, que passam a assumir o controle da vida. No entanto, o sumiço pode não passar de uma submersão, igual à de um submarino. Então, das profundezas onde se refugiou, a teimosia submersa continuará lutando, com fúria redobrada, contra tudo que contrariar sua vontade despótica. Por isso as regras do viver, mesmo conhecidas, de cor e salteado, não parecem fazer qualquer efeito.

A melhor forma de aplacar o furor de um teimoso é tentar estabelecer negociações, pois a incapacidade para negociar gera um clima emocional propenso à radicalização e à ausência de concessões. Talvez tenha sido exatamente uma atmosfera mais intolerante que, se não criou nossa teimosia, tornou-a um entrave e não uma alavanca para nosso progresso na vida.

20/02/2000

MULHERES DE FOGO

Numa propaganda de revista, bem ao lado de uma foto da exuberante Joana Prado, que atende pelo apelido de Feiticeira, havia uma frase dizendo assim: "*Antigamente, as feiticeiras eram queimadas... Hoje, elas incendeiam!*" Foto e enunciado sugeriam a enorme transformação vivida pelas mulheres: de antigas vítimas passivas, em ativas incendiárias pós-modernas. Uma coisa, contudo, mesmo com o passar dos séculos, mantém-se, aparentemente, inalterada: quando o assunto é mulher e quando o olhar sobre elas é masculino, fogo e feitiço continuam sendo palavras-chave no imaginário dos homens.

Sempre há uma mulher no fundo da mente de qualquer homem, envolta nessa irresistível combinação de magia e ardor, que a fantasia masculina não cansa de tecer, alinhavando sentimentos tão opostos quanto a atração e o perigo, a beleza e a perdição, o encanto e o medo. Os homens desejam-nas com um furor de dar inveja às bestas da selva, mas temem acabar virando escravos idiotas, daqueles que, em casa, sempre darão a última palavra: "*Sim, senhora...*"

Esse combate mudo entre forças antagônicas, a que damos o nome de ambivalência, encontra, em muitos homens, um tipo de solução bastante comum, de resultados eficientes, mas sempre instáveis: o medo das mulheres é desativado e torna-se completamente inconsciente, deixando o caminho livre para o exercício do fascínio, que passa a reger a mente e o comportamento deles. Então, com ares de predadores intrépidos, tornam-se caçadores, no limite da caricatura. Pensam em mulheres de dia e sonham com elas, à noite. Farejam-nas como perdigueiros, seguem seus passos, observam, cercam-nas, criam estratégias e armam arapucas. Mas, se uma mulher mais interessante resolve aproximar-se, aquele terror inconsciente aflora, como um vulcão de gelo, paralisando o infeliz, bem na hora do tão sonhado bote.

Deve ter sido essa a experiência de um adolescente que vi, faz algum tempo, num programa de televisão, onde a mesma Feiticeira aparecia, em muita carne e pouco osso. Tendo-a a poucos centímetros de si, o garoto estava imobilizado, incapaz sequer de espiar a moça com o canto dos olhos. Ao seu lado, nem parecia haver uma mulher deslumbrante e desejada, mas sim um artefato atômico, pronto para explodir ao mínimo piscar de olhos.

Por séculos a fio, usamos o recurso de culpar às mulheres e à sua natureza por reações desse tipo. Agimos, contrariamente à toda evidência, como se as diferenças sexuais transformassem-nas em seres de uma outra espécie. Aí ficamos como as mariposas de Adoniram Barbosa, dando *"vorta em vorta da lâmpida"* que as mulheres representam. Mas tememos que o calor tão desejado, que delas emana, nos seja letal. Esse medo ancestral, que os homens negam e as mulheres não compreendem, é herança do tempo em que toda nossa vida estava posta nas mãos de uma só mulher; que amávamos, quando nos fartava e odiávamos, se nos faltava.

Desde as santas que nos criaram, até as deusas que nossa imaginação vai criando, nosso primeiro olhar para as mulheres será sempre colorido dessa mistura de magia e perigo. Até que, um dia, por descuido ou sensatez, despimos as nossas deusas do manto diáfano da fantasia e descobrimos que elas tem nome, endereço, c.i.c., r.g., contas a pagar e etc., igualzinho a qualquer mortal. A decepção é grande, mas poderá ser bem lucrativa, pois somente assim poderemos descer das nuvens e, com inusitado atrevimento, conversar, namorar e até casar com elas, como convém a membros de uma mesma espécie.

05/03/2000

Nas Vésperas do Trabalho

Numa de minhas primeiras aulas no cursinho para o vestibular que prestei, há quase trinta anos, um professor olhou para a classe e disse: de cada uma das fileiras de alunos (e ali havia um monte deles), apenas um entraria na faculdade. Até hoje lembro do frio na espinha que senti, enquanto olhava de soslaio para os demais colegas, como se a sala de aula se tivesse transformado, de repente, num Coliseu cheio de gladiadores em desespero de causa, prestes a entrar na arena, para matar ou morrer.

Muito embora não pareça, à primeira vista, acho que esta foi a minha primeira experiência com o mercado de trabalho. Acredito nisto porque, desde aquela época, até os dias de hoje, a saída do conforto esperançoso dos cursos para cair na vida, continua sendo uma experiência temperada pelos mesmos ingredientes: um forte espírito de competição, uma pitada de hostilidade dirigida aos concorrentes e, sobretudo, uma dose cavalar de medo. Esse medo, atualmente, deve ter ficado ainda maior pois o emprego, que era um direito do cidadão e uma necessidade dos empregadores, transformou-se num privilégio.

O temor que acomete àqueles postulantes ao trabalho, mesmo quando munidos de um diploma de nível superior, tende a ser bem mais intenso. Isto acontece porque, tanto esses jovens como seus familiares, investiram muito tempo e dinheiro na esperança de garantirem o sucesso profissional através da qualificação universitária. Considerando o aumento do número de faculdades em todo o país, a garantia tão esperada evaporou-se. Sendo assim, o risco de um engenheiro, médico ou advogado virarem suco, dadas as mazelas econômicas nacionais e mundiais, aumentou de fato.

As vésperas da vida profissional são instantes de expectativa, incerteza quanto ao futuro e, portanto, de medo. Acho que o jovem incapaz de sentir-se amedrontado, numa hora dessas, deveria ser avaliado com mais atenção. Pode ser que seu destemor seja fruto da incapacidade para perceber risco e perigo, o que faria dele um profissional arrogante e pouco confiável, não importa qual atividade venha a exercer. Para falar por mim mesmo, sinto um marcado orgulho por cada uma das vezes em que senti medo, no exercício da minha profissão. Penso que, graças a isso, pude reduzir um pouco a inevitável margem de erro que ronda sempre todas as atividades humanas.

Ao mesmo tempo observo que, hoje como antigamente, qualquer jovem tropeça com uma série infindável de palpites extremamente infelizes, iguais àquele do professor que relatei no início deste artigo. Nunca pude perceber como esse tipo de afirmação – mesmo que verídica – possa ajudar alguém. Pelo contrário: idéias, frases ou atitudes desse gênero servem apenas para transformar o medo normal em pânico doentio (além de, é claro, aliviar a bílis de seus autores).

Se eu tivesse, portanto, conselhos a dar aos jovens que pensam em começar sua vida profissional, eu sugeriria que eles não tomassem o medo como inimigo do seu sucesso e que, também, ficassem longe daqueles especialistas em afligir os já aflitos, a quem damos o nome de sádicos. Pode ser que isto, por si só, não lhes garanta um bom emprego, mas poderá evitar muita dor de cabeça para nada.

19/03/2000

Os Loucos são os Outros

O prefeito de nosso Município, a propósito da recente catilinária proferida contra ele por sua ex-esposa, defendeu-se, alegando que a mulher com quem convivera por mais de duas décadas, agira daquele modo porque estava fora de seu juízo normal. E quando chegou a vez de seu filho vir a público para endossar as acusações da mãe, lá estava o prefeito, de novo, diagnosticando alguma obscura forma de desequilíbrio mental, como a causa secreta do procedimento do rapaz. Na mesma tecla bateram – como decerto continuarão fazendo, caso surjam novos focos de denúncia – todos os outros acusados nessa questão constrangedora.

Coincidência ou não, um ex-presidente agiu de modo idêntico, anos atrás. Surpreendido por acusações formuladas por um irmão, aquele mandatário usou a mesma linha de defesa: disse que o irmão era maluco. Não colou. Sob o peso das evidências, o presidente acabou mesmo defenestrado do cargo, não sem antes ter que assistir seu irmão ostentar, triunfante, perante os olhos da mídia, um atestado médico, assinado por profissionais respeitados, garantindo que ele estava em pleno gozo de saúde mental.

Poderia ser curioso, se não fosse trágico, observarmos com que facilidade leviana os nossos homens públicos utilizam uma questão séria, custosa e controversa, como é a loucura. Tomam-na como se ela fosse um pedregulho catado à esmo, cuja natureza desconhecem, que ficam atirando uns nos outros, na tentativa desesperada de descaracterizar um depoimento ou uma acusação danosos à sua imagem. Deste modo, a loucura, cujos mistérios tem ocupado cientistas, religiosos, filósofos e artistas há séculos, acaba aterrissando fortuitamente no vocabulário estulto, descartável e superficial de pessoas que parecem tão mais questionáveis quanto mais lançam mão desse recurso, numa tentativa de defesa que vai parecendo cada vez mais vã.

Também é triste notar como esse comportamento é infeliz. Primeiro porque torna pública uma situação pessoal e familiar que, caso fosse verídica, deveria ser, como manda a ética, protegida por discrição e recato, e não exposta como escudo defensivo. Segundo porque falar em loucura nesse sentido rudimentar, pejorativo, preconceituoso, estigmatizante e, além do mais, equivocado, revela como é precário o conhecimento de pessoas das quais se espera, no mínimo, um bom exemplo e não uma demonstração a mais de ignorância.

Já faz tempo que os transtornos psíquicos deixaram de ser – ao menos para os verdadeiros estudiosos do assunto – condições intratáveis e incapacitantes. Hoje, a grande maioria dos casos pode ser curada ou controlada graças aos recursos desenvolvidos pela Psiquiatria, pela Psicanálise e por várias formas de psicoterapia. Pois é justamente na contramão de tais evidências, consagradas universalmente, que nossos políticos vem se manifestar.

Seria muito melhor que os nossos representantes (que exercem o poder, segundo reza a Constituição, em nosso nome) não mandassem para as calendas o zelo e o decoro quando, ao tentar defender sua honestidade, insinuam, com descuido e descaramento, que dificuldades emocionais transformam as pessoas, automaticamente, em mentirosos incorrigíveis. Essa visão estreita e atrasada, além de insultar toda uma população de honestíssimos portadores de transtornos mentais, pode ser mais do que mal informada: pode ser mal intencionada.

02/04/2000

Transfusão de Sonhos

Sempre podemos conseguir que alguém prepare nossa comida, cuide de nossos pertences, arrume nossas malas, lave nossa roupa, administre nossos horários (o que, sem dúvida, já é muita sorte). Mas com as coisas que definirão se nossa vida será um sucesso ou um fracasso, não podemos vacilar. Por isso nunca devemos deixar que outras pessoas, por melhores ou mais capacitadas que pareçam, se encarreguem de realizar os nossos sonhos. Eles pertencem somente a nós. Não devem e nem podem, portanto, ser delegados a quem quer que seja.

Mesmo assim, saímos por aí, a todo o momento, passando uma tresloucada procuração até para pessoas que mal conhecemos, dando-lhes plenos poderes para lutar pelos tesouros que buscamos desde a infância. Muitas vezes, ainda damo-nos ao desfrute de ficar fora da arena, vaiando o desempenho de quem aceitou arcar com a tarefa inglória de nos fazer felizes. Esse comportamento acaba sendo o caminho certeiro e infalível para angariar frustração, tristeza e ressentimento. Apesar disso, ele pode repetir-se por uma vida inteira, pois é gerado por motivos inconscientes.

Quando o amor entra em cena, a situação torna-se ainda mais delicada, pois nada parece mais óbvio do que esperar que a pessoa amada se ocupe, em tempo integral, de realizar nossa esperança de felicidade. Agimos como se um outro ser humano, tão falível como nós, estivesse em condições de abrir mão de si mesmo e de seus próprios sonhos para fazer, de nosso bem estar, o único objetivo de sua vida, só por que teve a sorte duvidosa de haver despertado nossos instintos amorosos. Com isto, conseguimos a proeza de transformar o amor – relação livre e libertadora, por sua própria natureza – num cárcere regido por submissão e dependência.

Não procedemos assim por acaso ou capricho. A compulsão para depositar nossos sonhos na conta de outras pessoas é ditada pelo hábito desenvolvido a partir de uma experiência universal. Passamos por ela em nossa infância, quando todo o nosso sustento material e emocional depende de nossos pais. Estamos vinculados a eles por um cordão umbilical invisível, por onde circula tudo o que há de mais precioso para nossa subsistência, desde afeto até comida e dinheiro. Chega uma hora, contudo, em que a capacidade deles torna-se insuficiente para atender as nossas crescentes necessidades, principalmente na vida amorosa.

Esse momento crucial, que coincide, geralmente, com a adolescência, tem tudo para propiciar o começo de nossa caminhada rumo à emancipação. Mas isso raramente acontece. O que acabamos fazendo é tirar nossos pais de campo, substituindo-os por namorados, cônjuges, filhos, amigos, chefes, partidos, governos ou quaisquer outros procuradores disponíveis num banco de reservas que pode variar ao infinito. Vamos assim, de substituição em substituição, até percebermos que no sonho repousa o núcleo e a razão de nossa vida. Se não tentarmos, ao menos, realizá-lo por nossos próprios meios – mesmo sob o risco de falhar – poderemos dizer adeus à nossa individualidade e à liberdade de escolher nossos próprios caminhos.

Por ser a matéria-prima da vida, o sonho é pessoal, intransferível e precioso demais para ser manufaturado pelos outros. Afinal, ninguém nunca será capaz de sonhar um sonho igual ao nosso.

16/04/2000

Os Velhos do Brasil

Não faz muito tempo, a Prefeitura de Viena costumava enviar um buquê de flores e uma caixa de bombons para cada cidadão que completasse seus oitenta anos. Essa delicada lembrança coloca ainda mais quilômetros na distância que já separa o nosso país da Áustria, ao menos no que diz respeito ao tratamento dispensado aos nossos respectivos idosos.

Quem duvidar, pode conferir como andam as calorosas discussões a respeito do montante do salário-mínimo. Segundo os cobras da Economia, a tão minguada soma oferecida aos nossos aposentados pode quebrar o mastodonte da Previdência, se for subitamente acrescida de alguns trocados. Parece real, mas não é, pois a massa de ex-trabalhadores representa pouco para os cofres da Nação, enquanto que um punhado de apaniguados do Poder recebem, sozinhos e na moita, a mais polpuda fatia dos benefícios previdenciários disponíveis. Estes sim, poderiam levar as contas públicas para o brejo, conforme a taxa de majoração concedida.

Não creio que seja possível separar essa discussão econômica, dentro dos limites da Ética, de uma questão moral e emocional, que se torna óbvia e gritante: – no Brasil, onde pouca gente se importa com o destino do povo, menos gente ainda se importa com o povo envelhecido. Se existe um país onde os velhos são tratados com consideração e respeito, esse país não é o nosso.

Curtimos, durante anos, a idéia ingênua de que éramos "um país jovem". Essa afirmação continha uma verdade indigesta, pois a juventude de nossa população era um sintoma das más condições de saúde que reduziam a expectativa média de vida dos brasileiros. Felizmente, esse quadro desfavorável vem se revertendo nas últimas décadas, mas fixou, em nosso imaginário, a idéia de que ser jovem é que é legal e ser velho é uma droga. Os próprios idosos precisam estar alerta para não deixar sua auto-estima escorrer pelo ralo, tal é o desprestígio com que são vistos.

Observem, por exemplo, a modelagem estereotipada que a mídia não cansa de martelar na mente dos mais incautos. Se um velho vier a público, dando mostras inequívocas de sua velhice, será espinafrado como se cometesse um crime. Porém se ele inverter o figurino e aparecer travestido de jovem, será aplaudido de pé, como se esse comportamento não fosse tão inadequado como o de uma criança metida a adulto. As vitrines de um shopping são feitas sob medida para netos, mas não para avós. Propagandas exibindo idosos podem ser contadas nos dedos. Publicações visando essa faixa etária, simplesmente não existem. Com tudo isso, reforça-se em todo mundo (inclusive nos idosos) um traiçoeiro preconceito contra o envelhecimento que, afinal das contas, é um mandato da Natureza que só privilegia aqueles que conseguirem uma vida duradoura.

Não é fácil ser velho, mas também não é fácil ser criança, nem adolescente ou adulto. Acontece que o velho, por ter atravessado, uma a uma, as demais etapas da vida, é o resultado algébrico de coragem, somada a esforço e resistência, como uma espécie de bananeira que já deu até coco. Por isso, o decréscimo concreto de suas forças deve ser compensado pelo acréscimo de outra força abstrata, emanada dos mais jovens: a gratidão por tantos anos de bons serviços prestados. Negá-la àqueles que fizeram tanto pelos seus e pela comunidade, não diminui em nada os nossos idosos, mas torna indigno o bando de ingratos que lhes sonega o conforto material e o respeito moral. E cá entre nós: não fica bem isso acontecer justamente num país que, com quinhentos anos nas costas, também já está ficando bem velhinho.

30/04/2000

FUGIR DO PASSADO

"*Compatriotas, não podemos fugir da História!*", bradou o presidente Abraham Lincoln aos ouvintes de seu discurso, proferido na cidade de Gettysburg, após uma sangrenta batalha da Guerra Civil Americana, no século passado. Ele queria dizer ao seu povo que a escravidão – cujo término foi um dos estopins para a guerra dos americanos dos estados do norte contra os do sul – não podia ser aceita num país nascido para promover a Liberdade. Justamente ela, a Liberdade, que só se instala em nossas vidas quando somos capazes de agir em harmonia com a nossa própria história. Mas nós, geralmente, tentamos o contrário: fugir do passado em cujo interior nascemos. Construímos muitos dos nossos projetos de vida na contramão da nossa origem, querendo alargar horizontes, ultrapassar limites e escapar de um destino que nos parece inevitável, a não ser que empreguemos todo o ardor do nosso esforço. Na trabalheira resultante, consumimos os melhores anos de nossas vidas, pois esse costuma ser o tempo de nossa juventude. Seguimos nessa trajetória até toparmos com um lugar que parece repetir, ironicamente, a mesma situação da qual tentávamos escapar.
    Foi mais ou menos isso que ocorreu a Édipo, personagem da Mitologia, muito apreciado entre os gregos. Quando jovem, ele

procurou uma vidente para saber como seria o seu futuro. Ela profetizou que ele estava fadado a matar seu pai e a transar com sua mãe. Apavorado com essa perspectiva duplamente criminosa, o rapaz fugiu de Corinto, cidade onde morava com seus pais, sem saber que era adotado. Foi parar em Tebas, sua verdadeira cidade natal, onde a trágica profecia acabou se consumando.

A fábula de Édipo, que encantou do grego Sófocles ao vienense Freud, mantém o seu charme através dos séculos por mostrar que não adianta tentar fugir, desse modo radical e tresloucado, do futuro que nosso passado traçou. Tanto mais fugimos, mais presos permanecemos, pois não temos nada, para começar a vida, além da história que herdamos ao nascer, por mais indesejável que ela pareça. Nessa herança, sempre estão contidos nossos pais. Deles é que tentamos nos afastar, para não repetir os seus erros, para ter direito a uma vida mais interessante, mais rica, mais livre ou mais glamurosa que a deles e também para dar vazão ao rancor remanescente pelas falhas que eles cometeram conosco e que não conseguimos perdoar.

Esse roteiro manjado, que ameaça pousar para sempre sobre a nossa sorte, como o urubu do poeta Augusto dos Anjos, só pode transformar-se num enredo novo se reconquistarmos nossa liberdade para interpretar, ao nosso modo, o texto antigo que nossos pais nos legaram. Para que isso aconteça, de nada adianta ter pressa. É preciso tempo, paciência e muita tolerância para vencer o rancor que dorme no fundo da nossa alma e para suportar os tropeços inevitáveis e necessários para nosso amadurecimento. Então poderemos olhar para aquele velho roteiro com outros olhos, como o instrumentista que toca, uma por uma, todas as notas contidas numa partitura, mas faz isso de um jeito tão especial que o resultado será mais que original: será inimitável. Nessa mistura de repetição e renovação, está a oportunidade única de fazer as pazes com a nossa história e assim realizar sonhos que nossos pais nem sequer sonharam.

14/05/2000

O Peso da Culpa

A culpa é o mais penoso entre os sentimentos que assolam nossa mente. Muitos psicanalistas imaginam, a partir da observação de centenas de casos, que ela é uma velha conhecida nossa, pois já sentimos os rudimentos de sua presença desde os primeiros momentos de nossa vida. Apesar de ser normal e necessária para navegarmos pela existência, a culpa pode transformar a vida numa imensa armadura para nos defender do seu ataque sorrateiro e voraz contra nossa auto-estima. Isso acontece quando somos expostos a quantias excessivas de culpa, gerada por alguma propensão inata nossa ou por estímulos externos.

Ao contrário de outros sentimentos que são explosivos e voltam-se para o mundo exterior (como o medo, o ódio, o amor), a culpa é predominantemente ruminativa e volta-se para nosso mundo interno. Ela funciona como se fosse um agente infiltrado (como um vírus de computador), retirando uma parte de nossa alma para introduzir, no espaço resultante, um elemento oposto ao que foi retirado. A parte que a culpa arranca de nós é o amor próprio. Em seu lugar, ela introduz ódio voltado contra nós mesmos. Então passamos a nos odiar como se fôssemos criminosos sanguinários. Descremos de nossas qualidades mais óbvias e só consideramos nossos defeitos, mesmo os mais inofensivos. Passamos boa parte do tempo a cobrir-nos de recriminações, com virulência e crueldade que poucos inimigos sinceros poderiam igualar. Esse comportamento guarda sempre uma contradição, ao mesmo tempo irônica e trágica: quanto mais tivermos qualidades, mais estaremos expostos à culpa, pois ela é um amargo privilégio dos justos, nunca dos ímpios. São justamente as pessoas de melhor índole que ficam mais à mercê do remorso culposo, perseguindo-se como juízes implacáveis, com acusações caluniosas e dignas dos grandes malfeitores, que nós – em geral, pessoas banais – não temos nenhuma competência para sequer imitar.

As primeiras tentativas de cura dessa dor da alma brotam espontaneamente nas pessoas que cercam o culpado. Incapazes de compreender o porquê da autoflagelação a que ele se submete, tentam reverter a situação argumentando a desproporção de seu comportamento e tentando defendê-lo das incriminações tenazes. Geralmente esse procedimento, apesar de reconfortante, acaba sendo ineficaz, pois a culpa parece estar teimosamente grudada na alma onde se instalou. Quem quiser um efeito mais completo, terá de lidar com essa espécie de cola que faz o remorso aderir a nós.

Esta cola-tudo é composta por uma mistura inconsciente de vaidade e pretensão. Elas impedem que admitamos nossas imperfeições, mesmo sabendo que somos falíveis, erramos a toda hora e pisamos no pé de muita gente – principalmente dos que estão mais próximos, ou seja, daqueles a quem mais amamos. Um mero deslise ou uma distração trivial são o bastante para nós, inconformados com nossa natureza imperfeita, despencarmos sobre nossa própria consciência, armados de uma voracidade vingativa contra nossas qualidades, já que elas não foram suficientes para impedir nossos erros e garantir nossa tão sonhada perfeição. Deste modo, nosso sentimento de culpa será tão mais intenso, aderente e lesivo, quanto mais formos incapazes de aprender com quantas limitações se faz um ser humano normal.

28/05/2000

O Pau-de-sebo

O pau-de-sebo era uma brincadeira antiga, comum nas quermesses e festas juninas do interior. Consistia na tentativa de escalar uma estaca de madeira, fincada com firmeza no terreno, bem lisa e coberta por uma camada espessa da gordura animal que lhe dava o nome. Quem arriscasse a subida e conseguisse chegar ao topo levava, como prêmio, o conteúdo de um envelope pregado na extremidade da estaca. Dentro do envelope – cada participante já o sabia – tanto podia haver uma boa soma em dinheiro, quanto um papelzinho constrangedor, onde estava escrito apenas: "*Fim do pau*".

É chato admitir como a vida parece freqüentemente com a subida de um pau-de-sebo. Quantas coisas não nos custam uma trabalheira danada, expondo-nos ao risco do escorregão e do vexame, só para brindar nosso esforço com a mesma graça rústica daquele bilhetinho maroto! Mais chato ainda é perceber que nenhuma tarefa está livre desse mesmo risco, que os antigos chamavam de vitória de Pirro (rei que morreu estupidamente, após vencer sangrenta batalha) e que Machado de Assis consagrou com o bordão de seu personagem Quincas Borba: "*Ao vencedor, as batatas!*"

Como é possível evitar tanto trabalho inútil? A resposta é simples: nada podemos fazer. Ao iniciar uma empreitada, nunca sabemos ao certo qual será o resultado de nosso esforço, pois a única certeza que a vida nos oferece é a sua eterna imprevisibilidade. Essa é a primeira regra do jogo. O problema começa quando não aceitamos isso e imaginamos que nossa luta será sempre agraciada com bons resultados, desde que sejamos honestos, leais e esforçados.

É lógico que essas e outras virtudes só fazem aumentar nossas chances de triunfo. Supor, contudo, que a soma de qualidades pessoais garante o sucesso, é montar uma equação contaminada por pretensão e onipotência, uma vez que o imponderável está sempre contido em qualquer experiência humana. Um pneu furado, um desencontro, uma queda de energia elétrica ou um celular ocupado podem por a pique o mais elaborado cronograma de obras de uma vida inteira.

O dicionário ensina que "sucesso" quer dizer "aquilo que sucede", acontecimento, resultado. Portanto, qualquer esforço nosso terá direito a algum sucesso, seja ele agradável ou não para nosso paladar. Se contarmos com o fracasso como parte dos possíveis "sucessos" de nosso trabalho, estaremos mais preparados para enfrentar suas conseqüências, caso ele venha a se confirmar. Mas se ficarmos embriagados pela confiança onipotente, vaidosa e arrogante em nossa metodologia de viver, de amar ou de trabalhar, podemos sair de um revés reduzidos a frangalhos, mergulhando rapidamente no amargor do ressentimento e da melancolia.

"*Quem não arrisca o ridículo, jamais atinge o artístico*" dizia-me o maestro e amigo João Wilson Faustini, que tentava me ensinar um pouco da muita Música que conhecia. Do mesmo modo, se não arriscarmos a decepção de um bilhetinho desaforado, jamais sentiremos o gosto genuíno de uma vitória. Lutador de verdade é aquele capaz de arriscar o fiasco, pois se a luta pela vida visar apenas o resultado glorioso, ela acaba degenerando em trapaça. E a julgar pela forma como a trapaça vem proliferando entre nós, deveríamos correr a reimplantar, nas praças de todo o país, o saudoso e instrutivo pau-de-sebo.

11/06/2000

O Duelo dos Humildes

Nos meus tempos de ginásio, líamos uma história assim: um valentão convencido desafiou um pacífico farmacêutico para um duelo, devido a uma tolice qualquer. O farmacêutico aceitou o repto imediatamente, lembrando ao valentão que, nessas ocasiões, cabia ao desafiado a escolha das armas. Na hora e local marcados para a refrega, o farmacêutico apareceu com uma caixa onde havia, no lugar de duas pistolas, duas pílulas idênticas. O valentão, como era de se esperar, não entendeu nada. Aí o farmacêutico explicou: as pílulas eram as armas que ele escolhera. Uma continha miolo de pão e a outra, cianureto, em dose suficiente para matar um cavalo. Dito isto, ofereceu-as para o valentão escolher a sua. Este, porém, tomado de súbito terror, desistiu da contenda.

Somos freqüentemente estimulados, diante de situações parecidas com a desta narrativa, a escolher entre duas possibilidades: ou a luta, corajosa mas, às vezes, insensata; ou a fuga, quase sempre um sinônimo de desonra e covardia. Acontece que lutar e fugir são ações. Envolvem, portanto, elementos corporais, tais como neurônios, ossos e músculos. Se quisermos, todavia, que nossas ações não se resumam a simples descargas, tão instintivas e animais como um reflexo condicionado, precisaremos contar com algo mais além dos recursos biológicos.

O fator decisivo na mudança radical do destino anunciado desta história é o pensamento. Não somente o pensamento racional, mas aquele capaz de lidar também com emoções (como o medo) e princípios éticos (como a lealdade e o respeito aos oponentes). Graças a essa modalidade ampliada de pensar, o personagem do boticário consegue aceitar uma proposta inicialmente desfavorável, usar as regras disponíveis para recusar os termos originais do valentão e, assim, reverter o quadro para um terreno mais favorável a si mesmo.

A ação resultante desequilibra o jogo a favor do farmacêutico porque ele, através do pensamento, conseguiu combinar luta e fuga num só gesto, já que aceitou o desafio mas recusou o contexto, onde só faria papel de bobo frente à arrogância do desafiante. Com isto, ele livrou-se de um problema, evitou o derramamento de sangue e, de quebra, revelou o lado medroso oculto no valentão, sem cobrar nada por isso (como um psicanalista certamente faria).

Qualquer um de nós pode, como o herói de nosso caso, vencer uma sinuca angustiosa pela descoberta de saídas criativas, surpreendentes e, amiúde, muito eficazes. O segredo é muito simples e, justamente por isso, bastante difícil. Trata-se de desenvolver a mesma virtude presente no comportamento do farmacêutico: a humildade. Ser humilde é difícil pois consiste em viver estritamente dentro do nosso orçamento emocional, aceitando a limitação de nossos recursos para, então, explorá-los ao máximo e daí colher frutos tão inusitados quanto desconcertantes.

O senso comum vive confundindo humildade com acanhamento, covardia ou ingenuidade. Essa história demonstra como ser humilde não é ser trouxa. Pelo contrário: requer desembaraço, coragem e sagacidade. A reunião feliz de tais predicados é um terreno sempre fértil, de onde podem brotar o pensamento, nossa única e poderosa arma para duelarmos com a agressividade arrogante e truculenta do mundo, com altivez e boas chances de vitória, assim como se deu com o pacífico farmacêutico desse conto ginasiano.

25/06/2000

ERROS INDISPENSÁVEIS

Nosso processo de educação começa no lar, passa pela escola e chega até o mundo, numa espiral de aquisições e perdas contínuas e constantes. Como as primeiras experiências são decisivas para a constituição de nossa personalidade, caráter e postura em relação às demais pessoas, é na intimidade da família e em seu jogo de relações internas que repousam os fatores essenciais para nossa construção mental e ética.

Os primeiros professores de nossa vida, para bem ou para mal, são sempre nossos pais. Apesar de todo o esforço deles no sentido de garantir para nós o leque de informações e condutas mais abrangente possível, só poderão ensinar o que eles próprios aprenderam e valorizaram. O restante será adicionado por outros mestres que buscaremos para satisfazer algumas aspirações insatisfeitas, como quem procurasse tijolos para acrescentá-los às paredes incompletas de um edifício.

Outra expectativa comum dos pais é filtrar, em sua própria experiência, tudo que eles consideram que seja o melhor, para oferecê-lo à sua prole. Na prática, esse desejo também acaba sendo frustrado, pois os filhos tendem a aprender dos pais não apenas o melhor, mas também o pior que eles tem para transmitir.

Todo esse ensinamento consuma-se através de palavras e gestos. Ao contrário de outros educadores, os pais ensinam principalmente através do seu comportamento. A atitude deles perante o mundo, sua postura ética, seus princípios, seu modo de ser no que tange ao trabalho, ao dinheiro, ao sexo e a outras questões fundamentais da vida, são passadas para os filhos sem que as duas partes estejam totalmente conscientes sobre esse processo. Isso não significa que as palavras dos pais não tenham importância. Elas são fundamentais mas nem sempre estão em harmonia com seu comportamento.

A discrepância entre as afirmações e as atitudes de nossos pais é um dos fatores propícios para levar-nos a experimentar uma situação mental chamada, pela psicanalista Melanie Klein, de angústia confusional. A principal característica desse estado é a dúvida angustiosa sobre a qualidade das coisas e pessoas que nos cercam. Sentimo-nos como um explorador que se depara com índios de origem desconhecida, sem saber se eles são selvagens amistosos ou canibais hostis. Esse momento de dúvida pode ser extremamente penoso, contudo permite uma enorme possibilidade de darmos um passo além do universo legado a nós por nossos pais.

Todo mundo sabe que o crescimento não é um processo de incorporação passiva de regras, informações e opiniões. Crescer significa adquirir um aparato sofisticado cuja função primordial é capacitar-nos para exercer o direito de escolha perante as possibilidades da vida. Uma atividade tão importante não poderia chegar a bom termo sem a participação ativa do sujeito que está crescendo. Se os pais cumprissem à risca tudo o que esperam deles os manuais psicológicos, dariam origem a uma geração de pessoas incapazes de pensar pela própria cabeça. É na esteira formada pela infinidade de desacertos, incoerências e falhas de sentido observadas no comportamento dos pais que os filhos podem descobrir sua própria autonomia psíquica. Somente assim os filhos poderão tomar parte ativa em seu próprio processo de educação e crescimento para a vida adulta.

09/07/2000

BACH NO ESPAÇO

O escritor americano Carl Sagan, famoso por seus textos sobre a conquista do espaço, perguntou a um cientista qual cartão de visitas deveria ser posto num foguete, para apresentar a Humanidade a possíveis civilizações extraterrestres. *"As obras completas de Bach"*, respondeu ele, *"mas pode parecer que a gente esteja querendo se mostrar..."* (Em todo caso, as naves *Voyagers*, lançadas em 1977 para navegar através do Universo em busca de alguma vida inteligente, carregavam um prelúdio e uma fuga de Bach, caso algum alienígena queira saber o que é que os terráqueos têm!)

O próprio Bach ficaria espantado se soubesse que sua fama poderia ultrapassar os limites do planeta, pois ele nunca imaginou ter combustível suficiente para ir além das fronteiras de sua Alemanha natal. Desde que elegeu a Música como seu ofício, trabalhou com o vigor de um operário, produzindo toda sua obra sob um esquema que castraria o ego de qualquer compositor moderneba. Empregado de cortes obscuras e de conselhos de igrejas luteranas, ele era obrigado a criar por atacado, no ritmo frenético de uma linha de produção quase industrial. Sua música era pouco mais que um acessório decorativo em recepções sociais ou cultos religiosos. Tinha tudo para ser ornamental e descartável. Por que acabou se tornando um marco da Civilização?

Pressionados a cumprir ordens de origem biológica e irracional, chamadas instintos, executamos várias tarefas: trabalhamos, comemos, reproduzimos a espécie através do sexo, etc. Mas desse desempenho obediente, mecânico e automático, os jardins zoológicos estão cheios. O que nos diferencia de outras espécies animais é a capacidade de rechear a pressão orgânica com as cores da imaginação. Para alimentá-la, despimos nossos instintos de seus objetivos iniciais, usando sua energia para ir um pouco além dos limites sugeridos por eles, num movimento inconsciente que a Psicanálise batizou de sublimação.

A vida de Bach foi um exemplo dessa metamorfose das demandas de sobrevivência em arte de viver. Órfão desde os dez anos, logo precisou dar duro para garantir seu sustento. Na maturidade, casou-se duas vezes, gerando vinte filhos que precisava alimentar. Para cumprir seus deveres de pai devotado e profissional responsável, sua criatividade sublime acabou gerando uma quantidade assombrosa de obras-primas.

Elas começam pequenas, restritas a poucas notas, logo encorpadas por outras combinações melódicas e por novas camadas harmônicas, até formarem uma teia ininterrupta, imensa, surpreendente, empolgante e esplendorosa de sonoridades, cujo efeito é o arrebatamento total. Seu talento para trilhar essa vereda que vai do pequeno ao majestoso, do rasteiro ao elevado, do trivial ao excepcional, é uma injeção cavalar de sublimações em nosso espírito ávido de beleza, capaz de elevar-nos a dimensões situadas além da experiência cotidiana.

Pode parecer até uma fuga e, de fato, é. Bach é uma dessas inesgotáveis usinas transformadoras das cruas exigências instintivas no material diáfano do qual se faz o sonho, a Arte e o êxtase. Sua música ajuda-nos a fugir da condição de meros primatas habilidosos, covertendo-nos em gente de verdade. Por isso ele pode ser mostrado, com orgulho, como exemplo de humanidade, mesmo após duzentos e cinqüenta anos de sua morte, a serem celebrados, por todo o planeta, nas próxima sexta-feira, 28 de julho do ano 2000.

23/07/2000

LIÇÕES DO FRACASSO

Rico. Boa-pinta. Aristocrático, charmoso e elegante. Dois filhos gracinhas. Uma esposa deslumbrante. Um plantel de concubinas de dar água na boca em qualquer Don Juan. Democrata, progressista e, de quebra, o mais jovem presidente americano da História. Eis um resumo dos predicados que fizeram, de John F. Kennedy, um símbolo de sucesso para várias gerações, dentro e fora dos EUA. Um dia, teriam perguntado a ele qual era o segredo. "*O segredo do sucesso eu não sei*", ele respondeu. "*Conheço o segredo do fracasso: querer acertar sempre e agradar todo mundo!*"
Quatro décadas passadas da era Kennedy, a busca do sucesso tornou-se obsessão e alastrou-se, em escala epidêmica, pelo mundo globalizado. Toneladas de livros abarrotam as livrarias, repletos de receitas infalíveis de como obtê-lo. Palestras, conferências e conselhos preconizam, através da mídia, as fórmulas mais recentes de atingí-lo. Técnicas sofisticadas de motivação psicológica invocam o sucesso como se ele fosse uma divindade. Já sobre o fracasso, nenhuma palavra...
Em seis anos de curso médico e dois de residência, tive horas infindáveis de treinamento sobre como examinar, diagnosticar, tratar e curar inúmeras doenças. Apesar de formar-me numa instituição de capacidade inquestionável, nunca ouvi uma palavra

sobre o que fazer quando perdesse um doente, quando um remédio confiável não surtisse efeito ou quando recebesse, em troca de meu esforço devotado, ressentimento ao invés de gratidão.

Seria estúpido e inútil tentarmos ensinar a alguém como fracassar, pois qualquer pessoa está naturalmente exposta a insucessos. Desde os primeiros passos que, literalmente, damos na vida, corremos o risco do tropeço, do tombo e das contusões dolorosas. Erguer-se para recomeçar a marcha é fruto de instinto mas pode ser também uma arte. Arte longa para uma vida sempre breve, porém uma arte possível, sempre que algum ensinamento pudermos obter dos momentos passados em contacto com a lona, em meio ao vexame de um fiasco.

Uma das características que mais admiro na leitura dos artigos de Freud é sua sinceridade para abordar resultados infelizes e desfavoráveis colhidos ao longo de sua trajetória científica. Trabalhando sem colaboradores para servir de bússola, além de seu próprio juízo crítico, ele viveu diversos momentos onde alguma expectativa de acerto era fragorosamente frustrada. Ao invés da persistência insensata ou da desistência melancólica, Freud era capaz de procurar a brecha por onde sua esperança de acerto vazara. Ao corrigir o curso de suas investigações, ele acabava encontrando um veio precioso que jamais atingiria se não vivesse e tolerasse aquele instante de fracasso.

O erro resultante em frustração é sempre muito mais instrutivo do que o acerto bem sucedido. O sucesso leva à comemoração. Esta embriaga os nossos sentidos e produz miragens que vão turbinar nossos desejos de onipotência. As falhas decepcionantes podem, é verdade, conduzir à busca tresloucada de culpados ou à depressão avassaladora. Mas também podem ser agentes fertilizadores da mente, estimulando o surgimento de percepções realistas e de reflexões. O lado para onde esta balança pender é decisivo para criar o nosso padrão de comportamento frente às derrocadas da vida.

07/08/2000

MISTÉRIOS DO AMOR

O amor é o mais falado e o mais misterioso dos sentimentos humanos. É nossa maior fonte de prazer e uma das principais causas de sofrimento da nossa espécie. Indispensável para a manutenção da vida, ele pode transformar-se num risco para a integridade mental e física de qualquer pessoa.

Frente a essa reunião de possibilidades variadas e até mesmo antagônicas, muitos de nós reagem sonhando. Sonhamos com um amor puro, imaculado e isento da interferência de sentimentos indesejáveis – estes sim, os verdadeiros culpados pelos dissabores que rondam os amorosos. Acontece que amor puro só existe, de fato, nessa área mental regida pela nossa imaginação.

O amor não é um sentimento congênito. Ele brota aos poucos, como uma flor, a partir de algumas sementes doadas pela Natureza. Em contacto com o terreno formado pelo ambiente e pelas pessoas à nossa volta, elas germinarão, produzindo, forçosamente, uma mistura que será maturada ao longo do tempo, onde estarão contidos cada um desses ingredientes originais.

Identificar essas origens de nosso comportamento amoroso expõe-nos a viver o mesmo desaponto do burguês endinheirado que resolve levantar a sua árvore genealógica em busca de nobreza e só descobre, entre seus ancestrais, a fina flor da baixaria. O amor, para decepção de muitos, é constituído a partir de matéria-prima prosaica e rasteira, onde chafurdam a crueza dos instintos, as necessidades físicas em busca de suprimento, os desejos da carne, o medo do desamparo, da solidão e da morte. Essa variedade de raízes gera uma verdadeira confederação de sentimentos, tão diferentes entre si como voracidade e gratidão, narcisismo e desapego, inveja e admiração, culpa e auto-estima, todos reunidos por nós debaixo de uma única bandeira, a que damos o nome genérico de amor.

O amor é, portanto, um sentimento composto. Caso ele fosse puro, no sentido químico do termo, perderíamos o acesso a muitas facetas indispensáveis a qualquer relacionamento. Se o amor fosse feito só de delicada ternura, seria impossível a erupção vigorosa e turbulenta de uma relação sexual. O predomínio do desapego altruísta vedaria a oportunidade de desfrutarmos até o simples sabor de um beijo. Nunca poderíamos ser corrigidos se fôssemos amados na base da aceitação incondicional.

Descobrimos, desde muito cedo, essa qualidade necessariamente oscilante dos amores. É uma descoberta difícil de ser assimilada: a gente vê, mas leva tempo para digerir e aceitar o jeito mutável e fugidio de um sentimento que pode significar a diferença entre viver ou perecer.

"*Carlos, sossegue, o amor é isso que você está vendo: hoje beija, amanhã não beija, depois de amanhã é domingo e segunda-feira ninguém sabe o que será. Inútil você resistir ou mesmo suicidar-se.*" Era o que dizia, para si mesmo e para todos nós, o grande Carlos Drummond de Andrade. Como é comum entre os poetas, sua privilegiada percepção das coisas fundamentais da vida mostrava que amar implica em risco, interfere com o sossego, produz inquietudes e, muitas vezes, até machuca.

Frente a esse mar povoado de incertezas e perigos, nosso melhor recurso para evitar os naufrágios é a variedade de ingredientes do nosso modo individual de amar. Quanto mais mestiço, mais forte, versátil e eficaz é o amor.

20/08/2000

A Auto-inveja

Quando Freud começou a sugerir a existência universal de uma atração erótica inconsciente dos filhos por seus pais – o chamado complexo de Édipo – causou um rebuliço danado. A reação geral e imediata foi de refutação violenta de suas conclusões. Todavia, com o passar das décadas, essa idéia foi sendo assimilada e chegou a tornar-se parte do senso comum em diversas áreas da civilização ocidental.

O mesmo não aconteceu com o conceito de inveja, proposto por Melanie Klein, na segunda metade deste século. Polêmico desde o início, ele encontrou forte oposição já entre os próprios psicanalistas, causando estranheza e repulsa muito maiores do que as travessuras incestuosas apontadas por Freud. Não é para menos: essa teoria enveredava por uma região desconcertante, de perspectivas sombrias e resultados assustadores.

Nossa aversão à inveja é milenar. Ela sempre foi o mais maldito entre todos os sentimentos humanos. É a vilã contumaz das histórias, trazendo consigo devastação e catástrofe. Entre os sete pecados capitais, muitos citam-na como o pior. Sua presença é escorraçada dos corações e mentes, seja através de amuletos, frases, rezas e outros procedimentos mágicos, seja através de racionalizações sutis.

Mesmo assim, uma pessoa razoável é capaz de admitir, ainda que com pudor, ter albergado sentimentos claramente invejosos em determinadas situações da vida, sentindo-se mal com o sucesso dos outros, lamentando a vitória de um rival, entristecendo-se ao ver alguém ganhar na loteria. Em todos esses casos, a inveja é percebida como um torpedo maligno, sempre dirigido para as pessoas ao nosso redor.

A fatia mais indigesta descoberta por Melanie Klein mostra que, apesar da inveja mirar em os nossos circunstantes, somos nós mesmos o alvo predileto de sua artilharia pesada. Basta sentirmos uma alegria singela, um progresso discreto, uma vitoriazinha modesta e lá vem o malho: logo começamos a descrer da nossa capacidade, a julgar injusto ou insuficiente o nosso sucesso e a temer que ele desencadeie alguma desgraça, a começar pela inveja dos outros.

Se a gente melhora, a inveja vem e estraga. Ela zomba do nosso mérito, desdenha nossa virtude, desvaloriza nossas qualidades, exulta com nossos defeitos, corrói nossa bondade. Sob sua influência, deixamos de combater as frustrações para atacarmos justamente as fontes de satisfação e o prazer. Ao pagar o bem recebido com o mal venenoso, ficamos à beira da ingratidão, da injustiça e da traição. Por onde a inveja passa, não nasce nem grama, nem nada.

Com um currículo desses, ninguém se dispõe a defendê-la, nem tampouco a conhecer seus métodos e suas tramóias, como faríamos com um vírus mortal. Descobri-la, camuflada em nosso inconsciente, como um espião inimigo, faz-nos pensar somente em dar-lhe um fim rápido e definitivo.

Tentar extinguir a inveja é, além de inútil, bastante perigoso. Só faz estimular seu apetite de desmancha-prazeres e ainda cria a ilusória impressão de havê-la derrotado de uma vez por todas – coisa humanamente impossível. Aí é que mora o perigo: como a bruxa de "A Bela Adormecida", ela reaparece de repente, sem ser convidada, surpreendendo a nossa onipotência ingênua e colocando em risco as nossas mais sonhadas comemorações.

03/09/2000

GALANTEIO, CANTADA E ASSÉDIO

Alguns dias atrás, meu sobrinho, hoje beirando os dezoito anos, contou-me quais são, segundo ele, as melhores cantadas da praça. Uma delas é assim: o rapaz pergunta para a garota se o pai dela é pirata. Se ela estranha e indaga por que, ele dispara: "Porque ele está escondendo um tesouro como você!" Cantadas são métodos de convidar alguém para um relacionamento erótico. Na abordagem do meu sobrinho, não há nenhum convite, explícito ou implícito, para o que quer que seja. Trata-se apenas de um elogio aos atrativos de uma moça, coisa que um dicionário chamaria de "galanteio". Se meu sobrinho souber, de cor e salteado, a nomenclatura das abordagens amorosas, poderá trafegar com mais segurança na delicada região do flerte, sem avançar a divisa que separa uma frase elogiosa de uma outra ofensiva.

Muito além das meras filigranas de etiqueta e linguagem, a força das palavras é um dos fatores que marcam a diferença entre o convívio amoroso construtivo e a violência sexual, hoje na mira da opinião pública e da Justiça, em diversos centros civilizados. Mesmo assim, meu sobrinho e outros jovens como ele podem compensar seu desconhecimento léxico com sensibilidade e intuição. Juntas, elas conferem, às suas investidas amorosas, a dose de admiração e respeito suficiente para mantê-las a salvo de águas mais perigosas.

Nessa atraente região do amor, todo cuidado é pouco, pois os instintos, sempre ariscos, tornam delgada a fronteira entre uma paquera comum e o assédio sexual. O fator decisivo para separar o joio do trigo, nesse aspecto da vida erótica, gira em torno das reações inconscientes à presença do sexo na vida dos envolvidos. O psicanalista inglês Wilfred Bion valeu-se da Bíblia para ilustrar como reagimos às novidades que penetram nossa mente. Quando Jesus nasceu, pastores, reis, anjos e astros reuniram-se numa comemoração alegre e acolhedora em Belém. Mas, num outro canto da Judéia, o rei Herodes desesperava-se por saber que estava nascendo uma criatura que ele considerava perigosa, cujo poder temia e queria destruir a qualquer preço.

O nascimento do desejo sexual é saudado, em nossa mente, tanto com um presente dos céus quanto como uma ameaça à nossa integridade. Quando o júbilo prevalece em nós, nossa conduta externa é construtiva e respeitosa. Se nossa reação predominante for a rejeição, agiremos movidos pela hostilidade, cujo fim é atacar o desejo indesejável e as pessoas que o despertaram em nós.

O assédio sexual é vingança ressentida, apontada na direção de quem ousou nos atrair, roubando a paz narcísica em cujo berço repousávamos. Ele testemunha que o amor despertou ódio. Essa mistura de sentimentos perverte a paquera, transformando-a em ofensa e humilhação, cujo fim é castigar, controlar e tirar a liberdade da pessoa que, de tão desejada, transformou-se em perigo.

Cantadas, galanteios e flertes carregam a marca inconfundível da alegria. São como convites para uma festa: podem ser livremente aceitos ou recusados. Já o assédio sexual sempre traz o sabor de um luto compulsório. Saber distinguir entre um e outro é tarefa de paqueradores e também de paquerados, pois quem reage com indignação ultrajada ao perceber que desperta o desejo de alguém, comporta-se do mesmo modo triste dos assediadores: recepciona, com o ressentimento fúnebre digno de um Herodes, um dos mais preciosos presentes que a vida pode oferecer.

17/09/2000

A Sonegação da Cultura

O polêmico e combativo crítico literário americano Harold Bloom, em recente entrevista para a televisão brasileira, defendeu a leitura dos grandes escritores como uma forma de melhorarmos nossas vidas. Ele disse – concordando com a opinião de filósofos e psicólogos – que todo pensamento tem por base a memória. Se abastecermos nossa memória com as melhores idéias já registradas pela Humanidade, aumentaremos nossas chances de produzir bons pensamentos e de gerar, deste modo, ações igualmente boas.

Em tempos e lugares onde a qualidade das ações humanas despenca em queda livre, como é o caso do nosso país, a sugestão de Bloom ganha interesse ainda maior. Ela pode detectar, na escassez cultural, um dos responsáveis pela degradação social que vivemos, dispensando as acusações surradas aos eternos vilões econômicos, sempre lembrados por todos os estudiosos do assunto.

Não faz muitos anos, uma escola-de-samba paulistana atravessou o Sambódromo entoando um samba-enredo cuja letra dizia: "*...pra que cultura, sim, pra que cultura, se não há emprego? A fome no país não é segredo...*"

No Brasil, a cultura ainda é encarada, por muitos, no formato desse samba: é artigo de luxo e não gênero de primeira necessidade. Pegou fama de ser coisa para ricos, desocupados, diletantes ou malucos que, ao invés de ralar no pesado, afundam o bestunto nos livros, só para envernizar o ego e infernizar os outros mortais com citações eruditas, oriundas de sua imensa pretensão intelectual.

Essa imagem elitista e arrogante prevalece quando usamos o conhecimento para fins de exibição. Isto não é cultura: é culto à própria personalidade. Nesse caso, as sementes do saber caem em terreno estéril e pouco produzem na gente além de antipatia e uma corrosiva hostilidade pelos bens culturais.

A função da cultura é outra. Ela serve para cultivar nossa mente, assim como o lavrador modesto e prático faz com a terra. Sua influência torna a mente mais fértil e permite colher, da vida, mais e melhores frutos.

Nossa experiência cultural começa com nossas mães. Enquanto fornecem seu leite para o sustento de nosso organismo, elas também abastecem nossa mente com doses preciosas e indispensáveis de emoção. Estas aulas inaugurais de afeto podem despertar, em nós, reações de alegria humilde ou de tristeza humilhada.

Se a tristeza for mais forte, seremos o erudito pernóstico, cuja reação frente às lições da cultura é tentar superá-las, através de seu palavrório vazio e árido. Quando predominar a alegria, saudaremos a cultura com exclamações de prazer sensual, pois seremos receptores privilegiados da emoção que o grande artista sempre deixa costurada nas suas melhores obras. Então, liberaremos a curiosidade e a coragem, cujo efeito é vitaminar a criatividade. Munidos desse arsenal afetivo, consumaremos a genuína função da cultura: criar, em cada um de nós, uma fonte própria de saber personalizado, estimulante e útil para todo mundo.

A cultura é a mãe dos povos. Sonegá-la é sempre um crime, pois, sem seu manancial de afeto, ficamos condenados à orfandade emocional e à desnutrição do espírito. Juntas, elas empobrecem a mente, degradam o comportamento, tornam as pessoas frias, domináveis, insensíveis e violentas. Carência tão generalizada, nem bolso, nem barriga cheia são capazes de curar, pois, como diziam os Titãs, "*a gente não quer só comida: a gente quer comida, diversão e Arte!*"

01/10/2000

BELEZA E AMOR

Em meio a qualquer época de dificuldades econômicas – mesmo naquelas mais crônicas como a que temos vivido – há sempre atividades em plena expansão, gerando lucros, empregos e sucesso para seus praticantes. Entre elas, certamente devem figurar, hoje em dia, as academias de ginástica, as fábricas de silicone e a cirurgia plástica. Pelo menos é o que nos dá a pensar o crescimento geométrico do número de interessados em inflar os músculos, aumentar a calibragem dos seios e aspirar gordurinhas de corpos já suficientemente provocantes. Conforme essa moda vai virando mania, surgem, no horizonte social, um mar de críticas, ágeis em lamentar a futilidade vaidosa dessas pessoas, que em nada mais pensam além da imagem que faz delas o espelho.

Sempre achei exagerada e imprópria a forma severa e azeda com que muitos – principalmente aqueles de melhor formação intelectual – encaram esse fenômeno de nossos dias. Suspeito, que boa parte dessa reação crítica é produto da erupção de mal-disfarçada, inveja, pois a beleza física (mesmo quando os critérios em jogo são discutíveis) sempre desperta, ao lado da admiração, o despeito. Daí brotam muitas das recriminações e semblantes carrancudos que o passar de uma jovem esculpida ou de um rapaz malhado despertam.

Seria ingênuo esperar que o avanço tecnológico dos procedimentos ligados à saúde não fosse utilizado para implementar a aparência. Afinal, o corpo pode ser um cartão-de-visita da pessoa. E quem confiaria numa pessoa cujo cartão estivesse sujo, amarrotado e repleto de erros de português? Se houver algo a criticar na busca febril de uma aparência obsessivamente perfeita, o foco deveria estar em outra parte.

Há motivos para preocupação quando o aperfeiçoamento corporal parece uma garantia de acesso à felicidade. Ou quando desejar um corpo perfeito faz declinar outros interesses e atividades igualmente importantes. Aí a aparência transforma-se em escravidão e o resto da vida começa a definhar, numa situação parecida com aquela vivida por Dorian Gray, personagem da novela de Oscar Wilde, cuja fisionomia não se alterava, enquanto seu retrato, escondido no sótão, distorcia-se cada vez mais.

Ser belo é desejo escondido na mente de todos nós. Ele relembra o tempo em que nossa beleza atraía uma legião de admiradores, como avós, tios e demais parentes. Chefiando esse saudoso fã-clube, nossas mães foram as primeiras a nos considerar umas gracinhas, desde nossos primeiros dias de vida, quando a aparência de um ser humano, convenhamos, ainda não é tão bonita assim.

Com o tempo, vários arranhões machucam nossa imagem bela e imaculada. Chegam irmãos para engrossar a concorrência, já não arrastamos multidões, não emocionamos nem mesmo as mães, que começam a inventar leis e regras, a exigir e cobrar de tudo.

Muito da faina moderna atrás de um corpo escultural é ânsia de recuperar um pouco daquele olhar mágico que só uma mãe devotada consegue reproduzir. Essa magia, guardada no inconsciente de todos nós, vai muito além da beleza que qualquer espelho possa refletir. Ela representa a imagem mais genuína de amor que conhecemos, mas que a vida nos obriga a renunciar. O apelo por beleza esconde um pedido de amor. E quem pede amor, não merece castigo.

15/10/2000

SAUDADES DE ELEIÇÃO

A tecnologia varreu do cenário eleitoral a cabine indevassável. Ainda me lembro dela: um cubículo de um metro quadrado, armado em ripas de madeira, coberto com uma lona cinzenta para impedir que alguém, de fora, devassasse ou xeretasse qual era o candidato que o eleitor marcava na cédula. Sua presença austera e monolítica garantiu, por décadas, o sigilo indispensável para o bom exercício da democracia.

Eu disse que a extinção deste instrumento de cidadania deveu-se ao progresso tecnológico. Mas isto não é verdade. Bem antes que emplacassem as modernas, eficientes mas pouco charmosas maquininhas que usamos hoje, as eleições eram decididas detrás de pavorosos caixotes de cartolina, muito distantes, na sua pieguice tão adequada aos tempos da ditadura, daquela imponência das cabines da minha infância.

Antes que o leitor me acuse de saudosismo incurável, devo adiantar-me para dizer: acho a utilização atual das máquinas muito mais favorável ao incremento da capacidade para uma boa escolha dos eleitores que digitam os números de seus candidatos.

A situação da pessoa dentro da cabine era emblemática. Sei disso porque meu pai sempre permitia que eu entrasse naquele exíguo espaço para assisti-lo votar (não sem antes me lembrar, meio sério, meio brincalhão, que eu devia guardar segredo sobre sua escolha). Ali, o eleitor isolava-se do mundo. Lá ele podia ficar muito tempo. Tempo suficiente, talvez, para esquecer-se da importância do seu gesto. Podia ignorar a situação do país e a qualidade dos candidatos. Podia mesmo dedicar-se a escrever desaforos na cédula, mostrando sua revolta contra o Sistema. Ou então votar em pseudocandidatos bizarros, como os famosos Cacareco (um rinoceronte do zôo de São Paulo) e Macaco Tião. Solitário, o eleitor poderia sentir-se menos solidário com os demais cidadãos, com os menos afortunados. Compactuaria com os corruptos. Fugiria da pressão, da esposa ou da sogra, para que votasse no candidato X. Tudo isso por que estar só libera de compromissos, faz bambear os princípios, expõe a mente às tentações. O próprio Cristo, ao ser tentado pelo demônio, estava no deserto e absolutamente só.

A solidão era a marca registrada da cabine indevassável. Ao criar condições para soltar o eleitorado do cabresto dos coronéis, ela deixou cada um com a liberdade solitária que facilmente pode descambar em libertinagem.

A máquina de votar encerrou o isolamento do eleitor. Sua privacidade continua inviolável, mas ele não está mais só. Todos o observam e ele os vê a todos: mesários, outros eleitores da fila, acompanhantes. Nesses olhos representa-se o olhar de toda a Nação, como se uma mãe imensa e atenta velasse para que ele não cometesse o desatino de eleger os maus só porque tem liberdade garantida para fazê-lo. Pois a liberdade genuína só se consuma quando, podendo fazer o que sabemos ser pior, fazemos o que acreditamos ser melhor.

Não sinto saudades da cabine indevassável. Sempre a achei meio lúgubre, apertada e, em novembro, muito quente. Saudades mesmo sinto daqueles tempos em que o País, apesar de criticado, respirava a atmosfera jovial e confiante, típica de um menino promissor. Hoje espero que as modernas máquinas eleitorais – e o voto responsável dos eleitores – devolvam-nos um pouco daquele clima feliz.

29/10/2000

O Sonho do Arquiteto

O sonho é a base de toda criatividade. Ele brota dos nossos instintos e floresce na mente, indicando caminhos para nossa vida ficar mais parecida com o que realmente somos. Por isso, é preciso a gente tentar, ao menos de vez em quando, colocar alguns de nossos sonhos em prática. Do contrário, as frustrações podem se acumular de tal maneira que suplantam nossa capacidade de digeri-las. Aí só nos resta sucumbir ao amargor, ao ressentimento e à depressão.

Um sonho é sempre um desafio. Mais curto que uma noite de sono, pode levar uma vida inteira para conseguirmos realizar apenas um deles. Além disso, é preciso tirá-los da dimensão imaginária onde vivem e trazê-los até o mundo real, cujas regras, mais do que diferentes, são opostas àquelas da imaginação.

Para enfrentar a difícil tarefa de dar vida aos sonhos, precisamos construir uma ponte entre eles e o mundo. Esta ligação deve ser tão ampla e permeável como uma fronteira entre dois países grandes e poderosos, ambos soberanos em seus territórios. Desse modo, sonho e realidade tanto podem viver engalfinhados num confronto interminável, como podem chegar a bom termo, convivendo em paz e efetuando trocas enriquecedoras para as duas partes.

Pouca gente transita com tanta desenvoltura entre o mundo abstrato da imaginação e o mundo concreto da realidade como faz o arquiteto. Ao conjugar virtudes tão antagônicas quanto liberdade e disciplina, expansão e continência, necessidade e prazer, devaneio e organização, ele exercita e ensina um método de abordar o sonho de dar água na boca de qualquer pessoa.

Esse talento para integrar opostos faz, do arquiteto, um diplomata da imaginação. Ele negocia, com as leis estreitas da Física, a melhor maneira de viabilizar suas visões de beleza. Por isso ele sonha seus sonhos de olhos bem abertos. No horizonte ainda vazio, ele já vislumbra o contorno que, em breve, irá recortar do espaço, como faz uma criança com a tesoura e o papel.

Ao separar do mundo esse lugar delimitado, o arquiteto carrega as mesmas qualidades que expropriou da Natureza: a luz, o ar, as cores, o movimento. Por isso as obras da sua mão respiram e pulsam no mesmo ritmo dos rios, do vento e do sol, dando vida aos minerais inertes de que são constituídas. O resultado dessa combinação é mais que um edifício: é uma atmosfera emocional que, ao mesmo tempo, representa o sonho que a gerou e hospeda novos sonhos que para lá acorrem.

Conciliação, paciência, tolerância são as qualidades do arquiteto. Munido desse arsenal de virtudes, ele não se rende nem às miragens impalpáveis do desejo, nem à concretude limitante da realidade. Firme no papel de tradutor decoroso, mediador constante e intérprete dedicado, ele transforma projetos em possibilidades. Atento às brechas que a vida sempre oferece, ele é rápido e certeiro no cravar, em meio à crueza do cotidiano, a dose certa de poesia de seu sonho.

Mais que um sonhador, o arquiteto é construtor de abrigos para a expectativa de realização humana. Onde quer que sua obra se levante, firma-se um marco sinalizador que consuma a presença viva, harmônica e integradora do Homem sobre a face da Terra. Ao contemplarmos suas realizações, feitas da combinação precisa de engenho e fantasia, reanima-se, em cada um de nós, a eterna esperança de vivermos – nós também – um sonho tão belo quanto o dele.

12/11/2000

O Avesso da Mentira

Conforme as primeiras idéias psicanalíticas foram sendo difundidas e assimiladas em todo o mundo, começou a nascer, em diversos ambientes, um modo de pensar sobre a vida e sobre as pessoas que acabou ganhando força de hábito e ares de verdade irrefutável. Essa modalidade de pensamento, inspirada no interesse da Psicanálise pela face oculta da mente, supõe que – não importa qual a situação – ninguém é o que parece ser e todo mundo é exatamente o oposto do que aparenta.

Essa curiosa forma de interpretar o comportamento humano poderia gerar uma série de máximas impagáveis: "*O honesto honrado é picareta disfarçado*". "*Mulher recatada é tarada camuflada*". "*Mais másculo o macho, mais enrustida a bicha*". "*Menino obediente é rebelde doente*". A lista pode ser infinita.

Falsear propositalmente o próprio caráter está longe de ser incomum (o noticiário político que o diga), porém não chega a ser tão freqüente. Agir dessa forma equivale a mentir. Os analistas costumam lidar com outra espécie de mentira. Ela engana pouco aos outros e muito à própria pessoa. Seu nome é neurose.

Uma pessoa apresenta, na vida social, profissional e amorosa, um certo número de emoções e comportamentos. Eles formam sua personalidade. A parte desse conjunto que é perceptível no cotidiano constitui o caráter, uma espécie de rosto da personalidade.

Nossa personalidade sempre é mais complexa do que o caráter aparenta. Formada por inúmeros componentes, muitas vezes divergentes entre si, ela nos expõe a conflitos. Cada área de luta produz angústia, atritos e desajustes com o mundo e suas regras.

Para prevenir as rejeições e garantir um mínimo de aceitação, vamos fazendo alguns tratados de paz interiores, silenciosos e inconscientes, mediante os quais utilizamos as regras do mundo como força adicional para tentar por um fim àquelas batalhas internas. As partes da personalidade que provocariam repulsa e exclusão, são desalojadas e proibidas de manifestar-se, tornando-se inconscientes.

Como os anjos decaídos do Céu para as profundezas do Inferno, estes desejos, ainda mais insatisfeitos, aumentam seu anseio de realização. Mais perigosos do que já eram, eles precisam ser contidos com redobrado rigor, para não invadir nossa vida e bagunçar o coreto que organizamos com tanto zelo.

Constituir o caráter na contra-mão dos traços inconscientes da personalidade é uma manobra protetora também inconsciente, chamada, pela Psicanálise, de formação reativa. Ela funciona muito bem durante um bom tempo, até que prevalece a idéia famosa, atribuída ao presidente norte-americano Abraham Lincoln: *"Pode-se enganar muita gente por pouco tempo ou pouca gente, por muito tempo. Mas não se pode enganar todo mundo, o tempo todo."*

Este tipo de auto-engano resulta numa tolice caríssima que levamos tempo para perceber. Quando a conta chega a níveis desvantajosos e alarmantes, acabamos revendo os termos do tratado com nossos desejos famintos e desprezados, concedendo-lhes um mínimo de atenção. Assim viveremos tempos em paz menos dispendiosa, mais duradoura e bem mais verdadeira.

Já os mentirosos de verdade, esses mentirão para sempre.

26/11/2000

A Reforma Conjugal

Poucos temas fazem homens e mulheres divergir tanto quanto o casamento. Os homens sempre viram nele um perigo similar aos tachos do inferno. Elas suspiravam, ansiando pelo véu e pela grinalda, como fossem *souvenirs* do Paraíso.

Embora eu desconheça qualquer estudo estatístico a respeito, cresce em mim a suspeita de que existe uma tendência atual para inverter-se essa distribuição tradicional de opiniões.

As mulheres já não parecem nutrir sonhos tão celestiais sobre a vida conjugal. Ao contrário, elas vem referindo uma crescente onda de desilusões com os homens em geral e com o casamento em particular. Eu mesmo escutei, de uma adolescente, esta frase, que parece ter sido inventada por uma mulher desgostosa com a situação: "*Casar é trocar a atenção de muitos homens pela desatenção de um só...*"

Os homens, por sua vez, parecem ter ficado muito mais casamenteiros, com o passar das gerações. Isso era impensável há anos atrás, quando cabia às mulheres, como a atriz húngaro-americana Zsa Zsa Gabor, colecionar maridos às dúzias. Hoje muita gente pode contar, entre seus amigos ou parentes, homens que casam de novo pouco tempo depois de suas separações, enquanto suas ex-esposas não querem nem ouvir falar de um novo companheiro.

Se esta situação for tão real quanto parece, podemos vislumbrar uma importante modificação no comportamento relativo ao casamento: as mulheres podem estar ficando mais realistas e menos sonhadoras e os homens estariam menos perseguidos e mais disponíveis às maravilhas da vida conjugal.

Pode parecer otimismo exagerado da minha parte supor que, no mar coalhado de problemas matrimoniais, possa boiar alguma garrafinha com um mapa de tesouro dentro. Porém não seria nenhuma surpresa se, após a turbulenta polêmica que podemos estar vivendo, surgisse um pouco de bonança, recheada de melhor percepção sobre a real natureza do casamento.

Casar é uma decisão difícil, tomada sob pressão dos instintos, numa época onde a experiência de vida tende a ser pequena e a vulnerabilidade às ilusões, ilimitada. Essa reunião de fatores pode tornar o casamento uma atividade mais perigosa do que um salto do trapézio, sem rede por baixo e sem conhecimento suficiente sobre o outro trapezista, cujas mãos nos esperam do lado de lá.

Ao mesmo tempo, o casamento oferece um rol de inegáveis oportunidades que uma pessoa solitária rala em dobro para conseguir. Casar é uma maneira de enfrentar, em dupla, questões concretíssimas, como tarefas, despesas e responsabilidades. Também alivia o desamparo humano, através do apoio, afeto e compreensão compartilhados.

Em face desta conjunção de riscos e benefícios, só podemos encarar o matrimônio com o benévolo ceticismo que merecem todas as invenções humanas. Como qualquer uma delas, o casamento é falível, pode ser magnífico ou péssimo e, sobretudo, foi e deve continuar sendo aprimorado ao longo dos séculos.

A mudança de postura de homens e mulheres sobre a vida conjugal pode indicar que o casamento esteja passando por mais um período de reformas. O resultado pode revigorar e tornar mais adaptada, para os tempos modernos, essa união que constitui famílias, cria funções de pai e mãe, disciplina a sexualidade, gera crianças e assim vem mantendo viva e organizada a nossa espécie.

10/12/2000

A Sublimação de Maria

Muitas editoras tem lançado livros para enfocar as personalidades que mais marcaram este século, já bem próximo de seu final. Como é esperado, a maior parte desses personagens provém de áreas tradicionalmente badaladas, como a política, o *show-business* e o esporte. Porém uma das presenças mais constante em todas essas resenhas é oriunda de um território tradicionalmente restrito, aristocrático e menos popular. Trata-se da cantora lírica Maria Callas. Seu rosto vigoroso e sua biografia conturbada permanecem retidas na memória de muita gente – até de quem nunca foi a uma ópera e nem sequer ouviu sua voz. Seu elegante apartamento de Paris, palco de sua morte repentina e solitária, é reverenciado até hoje como um túmulo sagrado, já que Maria preferiu ser cremada e ter suas cinzas dispersas nas águas do mar Egeu.

Callas tornou-se um nome internacional por diversas razões. A mais mundana foi ter sido abandonada por seu amante, o milionário Aristóteles Onassis, que preferiu casar com Jacqueline, a lendária viúva do presidente Kennedy. Isto fez dela uma espécie de heroína trágica, uma moderna Medéa, personagem que ela encarnaria tão bem nos palcos e no cinema.

Em seu ofício, também protagonizou alguns escândalos de primeira. Num deles, deixou na saudade o público do Teatro La

Scala, em Milão – onde estava o próprio presidente italiano da época – por sentir que estava com a voz abalada. Noutro, foi flagrada pelos fotógrafos americanos com um ar de tigresa furiosa, peitando um oficial de justiça, após uma récita em Chicago.

Tudo isso poderia ter feito de Callas um tipo desses que alimenta o sensacionalismo voraz. Superexposta, escandalosa e polêmica, ela tinha tudo para granjear fama rápida, fácil e superficial, para depois saltar em direção à sombra do esquecimento, não fosse por um detalhe: ela era genial.

Outra lenda operística, o italiano Enrico Caruso, disse, certa vez, que o segredo de seu sucesso era o medo que havia em sua voz. A voz de Maria Callas – ela própria reconhecia – não era bela. Tinha, porém, como Caruso, um ingrediente mágico, responsável por manter milhares de pessoas eletrizadas, durante horas a fio, pelas personagens que ela viveu em tantos palcos espalhados pelo mundo.

Longe de constituir um mistério, o que dava àquela voz o toque fantástico e magnético era a turbulência interior que Maria, como poucos artistas, viveu em cada centímetro de sua pele. Era uma verdadeira erupção de emoções atormentadas, que emanavam diretamente de suas vísceras, com a mesma força incandescente que a lava dos vulcões teria se soubesse cantar. Mas ao invés de destruir tudo à sua volta, a voz de Maria sintonizava a alma das platéias na mesma freqüência apaixonada que ela viveu durante toda a sua vida. Ouvi-la, fazia o público sentir-se aliviado e perdoado por ser demasiadamente humano como ela.

Seus desencontros pessoais igualaram as tragédias que ela representou em sua carreira vitoriosa. Talvez por isso ela personificou tão bem mulheres como Norma, Medéia e Tosca: apaixonadas pela vida, pela vida desprezadas, sacrificadas e só redimidas pela morte.

Freud dizia que a Psicanálise serve para transformar os tormentos da neurose em infelicidade comum. Seu próprio tormento, Maria Callas transformou em arte viva, da qual nós – mais do que ela mesma – podemos, até hoje, usufruir.

17/12/2000

QUALQUER DIA É NATAL

Na Europa, lá pelo século IV, o paganismo ainda fazia grande concorrência para a Igreja. Muita gente já convertida à fé cristã, teimava em freqüentar rituais remanescentes de várias seitas pagãs, principalmente alguns repletos de franca sensualidade. Temendo que essas festas sedutoras tomassem de volta as ovelhas recém-conquistadas para o rebanho do Senhor, os pastores da Igreja optaram por um contra-ataque: criar uma festa cristã para superar o prestígio das cerimônias idólatras – em especial uma, realizada no solstício de inverno, dia em que o Sol chega à máxima distância da Terra. Este fenômeno, no hemisfério norte, ocorre em 25 de dezembro. Para as necessidades da Igreja, esse dia vinha a calhar.

Isso porque a tradição popular, na falta de informações dos Evangelhos sobre as datas capitais do Cristianismo, supunha que Jesus fora crucificado nove meses exatos antes de completar seus trinta e quatro anos, ou seja, em 25 de março do ano 33. Além disso, Cristo, no modo de ver de seus primeiros intérpretes, era comparado ao Sol, oferecendo, assim, um elo metafórico, capaz de aproximar os cristãos mais convictos daqueles ainda seduzidos pelos ídolos antigos.

Esta versão, citada por muitos historiadores para explicar porque a Igreja oficializou o dia 25 de dezembro como o dia do

Natal, permite comentar um comportamento que se repete a cada ano que passa: o Natal é uma época onde todo mundo sente obrigação de ser feliz.

Por isso pega muito mal atravessar o período natalino deprimido, angustiado, empobrecido, doente ou simplesmente não tão feliz. Afinal, o figurino da propaganda, ávida em ajudar o comércio a fechar seu balanço longe do vermelho, manda a gente gastar os tubos em presentes, comer feito um porco e beber como um gambá.

Fala-se mesmo numa espécie de "espírito de Natal", uma estranha entidade, feita de generosidade fraterna e desarmamento da alma, que embriagaria alguns afortunados, injetando neles todos aqueles sentimentos que vinham sendo sistematicamente ignorados durante o ano inteiro.

Tamanha exaltação acaba criando na gente a expectativa de realizar muitos desejos com data e hora marcadas. Com uma imposição dessas, o já difícil acesso à felicidade ganha uma armadilha a mais. O resultado, na raia miúda da realidade, é que a festa da Paz e da Concórdia pode virar palco para a explosão de frustração, rivalidade, inveja e muitos outros sentimentos que não lembram em nada os homens de boa vontade, de que falavam os anjos do Presépio.

Por ser uma festa de aniversário, o Natal é símbolo de vida, nascimento e renovação. Por não podermos precisar sua data com exatidão, estamos liberados para comemorá-lo sempre que nos for possível: basta estarmos na companhia de pessoas queridas (o que inclui a nós mesmos) e animados por sentimentos de construção, amizade e solidariedade, para podermos celebrar um momento feliz, mesmo que raro.

Afinal, o próprio Jesus costumava dizer que, onde quer que duas ou mais pessoas se reunissem em Seu nome (e, logicamente, em nome dos sentimentos que Ele representa), Ele estaria ali, no meio deles. E nesses lugares, qualquer dia pode ser dia de Natal.

24/12/2000

Por um Milênio Inteiramente Novo

Cada reveillon que se aproxima, ano após ano, costuma trazer consigo um conjunto de atitudes bastante conhecidas de todos nós. Além das mandingas para dar boa sorte, da roupa branca, da champanhe, da contagem regressiva, da corrida de São Silvestre e dos espetáculos pirotécnicos, uma aspiração generalizada à mudança e à renovação começa a embriagar todos os corações. Iniciando pela fórmula: "*No ano que vem, eu vou...*", todo mundo faz alguma pequena promessa para si mesmo: abandonar algum vício, iniciar um regime, fazer as pazes com um parente, começar a malhar, trabalhar menos, até mesmo procurar um psicanalista... Afinal, vale tudo para entrar num novo ano com o corpo e a alma tão renovados como a folhinha recém-inaugurada.

Se isto já acontece em todo Ano Novo, imaginem como podem ficar as coisas hoje, quando teremos ano, década, século e milênio, todos novinhos em folha, reunidos numa só meia-noite!

Considerando esse clima de mega-virada, achei que deveria alertar os leitores, neste artigo, contra esse tipo de comportamento, classificando-o de auto-enganoso, pueril e de outros desaforos mais. O resultado foi um esboço que acabei abandonando, por duas razões.

Primeira: porque o texto ficou de astral baixíssimo, ranzinza e muito chato – inadequado, portanto, para um dia festivo como hoje. Segunda: porque minha crítica não faria nem cosquinha nesse costume tão difundido, além de ser injusta com hábitos até que saudáveis e bem simpáticos.

Portanto, ao invés de remar contra a maré, resolvi aderir ao cordão das decisões de fim-de-ano, enumerando algumas de minha autoria, capazes, segundo eu creio, de ajudar o leitor nos tempos que se aproximam:

• Evite tomar ou pensar em decisões sobre assuntos realmente importantes da vida, em dias de comemoração como hoje.

• Erga, na hora da virada, um brinde às dificuldades que você enfrentou, aos tropeços que foram instrutivos, aos fracassos que o livraram dos sucessos perigosos, às frustrações que o tornaram menos arrogante.

• Não se leve muito a sério. Isto ajuda a manter sua liberdade para reconhecer seus erros e corrigi-los, quando for possível.

• Lembre-se que as aparências enganam, principalmente quando esquecemos de considerar como as coisas que não são aparentes iluminam e ampliam o sentido das aparências da vida.

• Confie um pouco mais na sua imaginação, no sonho e na intuição.

• Acredite que você será capaz de realizar seus sonhos mais queridos.

• Acredite que você será capaz de suportar o tranco, no caso de seus sonhos mais queridos não se realizarem.

• Por último, tenha sempre em mente (de cor, se possível) o poema *Instantes*, atribuído a Jorge Luiz Borges. Nele, o Autor – um homem de 85 anos, ciente de que está morrendo – diz como sua vida teria sido melhor se ele houvesse sido menos preocupado e mais divertido, menos sério e mais irresponsável, menos fiel aos seus ideais e mais obediente à sua natureza. Pois se você conseguir, ao menos por um instante, viver o clima emocional desse poema, esse pequeno momento valerá por um milênio inteiramente novo.

31/12/2000

Vestibulares, Corações e Mentes

Numa madrugada de janeiro de 1972, tive um sonho inesquecível. Sonhei que era sexta-feira, último dia de meu vestibular. Quando acordei e percebi que ainda estava na quarta-feira, senti que o mundo ia desabar: faltavam mais três longas provas para eu realizar o sonho que acabara de ter.

A lista dos aprovados saiu dali alguns dias. Meu nome estava nela. Naquela noite, dormi um dos melhores sonos de toda minha lembrança. Já meus pais, de tanta emoção, passaram a noite em claro.

No mês passado, levei um sobrinho de carona até o local de seu vestibular. Uma infinidade de candidatos aguardava o início do exame. Todos carregavam mesma expressão patibular de angústia – idêntica à que eu próprio senti ao sair de lá. Apesar dos quase trinta anos passados e de toda evidência em contrário, eu não conseguia acreditar que eu também passara pela mesma situação, nem que sobrevivera à ela, nem muito menos que fora aprovado.

Vestibular é assim: a gente não vê a hora de acabar, envolve a família toda e deixa na alma um rastro de angústia que fica para a vida inteira. Comparado ao sonho do estudante que deseja ser alguém na vida, ele não passa de um estorvo difícil de digerir. Por isso, chovem conselhos de especialistas, interessados em garantir, para os alunos, um bom desempenho nessa prova capital.

Os vestibulandos são, geralmente, exortados a ter calma, a evitar o medo e a insegurança e a munir-se de muito estudo. Mas essas sugestões costumam aumentar a ansiedade e gerar culpa, piorando a situação que pretendiam melhorar. Isto acontece porque, na opinião desses conselheiros, o vestibular é para ser enfrentado com a racionalidade do cérebro. Para eles, as emoções do coração só atrapalham.

Aí o vestibulando fica num beco sem saída. Se considerar sua situação de um ponto de vista exclusivamente racional, ele perceberá que enfrenta um exame cuja lógica é eliminar a maioria dos pretendentes às faculdades, já que a procura de interessados é superior à oferta de vagas. Deste modo, concluirá que suas chances correspondem a uma pequena fração numérica, em tudo idêntica aos seus demais concorrentes – o que não parece muito animador.

O pensamento racional, desenvolvido ao longo dos anos de estudo, é indispensável para o sucesso. Acontece que o cérebro não é a única coisa que abastecemos ao estudar. Enquanto ele vai sendo alimentado com informações, o coração também vai ingerindo emoções – menos perceptíveis, é verdade – mas nem por isso menos presentes, nem menos úteis na hora do aperto do vestibular.

No coração do estudante ficaram armazenadas as esperanças, a segurança, o incentivo e a confiança que nele depositaram ele mesmo, seus pais, amigos e professores. Esse material funcionará como um celeiro de olhares e gestos carregados de respeito e amor. Mesmo quando for pequeno e cercado por inevitáveis doses de mágoa e ressentimento, ele permitirá ao cérebro agir aliado ao coração.

Quem age com o coração tem, em bom latim, coragem. O corajoso não foge do medo inevitável. Sente-o até a raiz dos cabelos e, ao sentir, confia nas únicas armas que possui: a intuição, a capacidade imaginativa, o sonho. Este arsenal, que é derivado daquelas pessoas que ele carrega no coração, vela e vale por ele na hora do perigo. Por isso, ele não se sente só, pois descobre que uma prova não basta para roubar dele a esperança de ser feliz.

07/01/2001

Auto-ajuda que Ajuda

A chamada literatura de auto-ajuda é uma das maiores campeãs do mercado editorial das últimas décadas. Sua vasta lista de *bestsellers* gera lucros memoráveis e engorda os rendimentos de editores e autores (gênios da escrita, como James Joyce e Marcel Proust, jamais receberam tanto em vida). Seus leitores não são apenas fãs: tornam-se devotos e apóstolos deste ou daquele autor cujos conselhos – eles não cansam de afirmar – foram decisivos para mudar suas vidas. Muitos militantes da saúde mental costumam torcer o nariz, num declarado desdém por esse tipo de livro. Quanto melhor for a formação do profissional, mais desfavorável costuma ser sua opinião sobre o tema. Eu mesmo escutei, de colegas cuidadosos e tolerantes, veredictos análogos àquele atribuído à antes famosa e hoje meio esquecida deputada Conceição da Costa Neves: *"Não li e não gostei!"*
Essa antipatia é menos gratuita do que parece. Muitos textos de auto-ajuda passariam apertos se submetidos ao crivo até dos críticos mais benevolentes. A linguagem que utilizam, de tão simples, acaba sendo simplória. Ao difundir conceitos psicológicos, acabam fundindo teorias diferentes, confundindo o leitor numa salada caótica. Na tentativa de divulgar, vulgarizam os temas abordados.
A maior repulsa da crítica dirigi-se contra a enorme quantidade de lugares-comuns e banalidades que recheiam as páginas

copiosas desses livros. Muitos chegam até a apostar que os autores só escrevem o que o leitor gostaria de ler, mais de olho nas vendas e do que na real utilidade de suas palavras.

Todo esse bombardeio não esmorece o vigor dos escritores e nem reduz seu prestígio junto ao público. Ao contrário: o número de autores de auto-ajuda só faz aumentar desde que, em 1936, o lendário decano deste lucrativo setor, o norte-americano Dale Carnegie, lançou seu famoso *Como Fazer Amigos e Influenciar Pessoas*, hoje acima de vinte e um milhões de exemplares vendidos em todo o mundo. A razão para tanto sucesso é bem simples: as obras de auto-ajuda cumprem o que prometem e oferecem, de fato, um certo tipo de ajuda.

Ela começa pelo estilo coloquial e direto da abordagem. O autor escreve como se falasse tão pessoalmente com o leitor que este, lisonjeado, identifica-se totalmente com o livro e sente-o como se fosse escrito para ele. Nada mau numa época onde a solidão é regra e ninguém escuta ninguém.

Uma vez conquistado, o leitor sente-se acolhido. Tudo que o oprime, incomoda e até envergonha – a busca tresloucada do sucesso, o imediatismo e a superficialidade da vida – torna-se, nas mãos dos doutores da auto-ajuda, a chave para uma vida feliz. Essa manobra, mesmo que ineficaz, serve para dar às pessoas a sensação de estarem no caminho certo, reduzindo a culpa e aumentando sua esperança. O emprego da linguagem mais simples não ofende nem humilha o leitor comum que, muitas vezes, esmagado pela erudição dos autores difíceis, desiste de decifrar as filigranas de textos muito mais complexos e sofisticados.

Num tempo como o nosso, em que qualquer forma de ajuda é rala, esses livros fornecem um pouco de alento a muita gente que não teria acesso a fontes de auxílio mais gabaritadas. Eles repetem o gesto simples, mas tantas vezes eficiente, de passar a mão amiga numa cabeça angustiada com a vida. Pode ser pouco. Por vezes é insuficiente. Mas para muitos, esse gesto, mesmo quando animado por interesses escusos, pode ser um primeiro passo rumo a melhores dias.

15/01/2000

OS AMORES PROIBIDOS DE EÇA DE QUEIROZ

"*Uma das novelas está quase pronta — é só copiá-la: chama-se 'O Desastre da Travessa do Caldas' [...] Trata-se de um incesto. [...] Não quero dizer que seja imoral ou indecente. É cruel. Que lhe parece este livrinho como estréia para o 1° de janeiro?*"

Assim escreveu o romancista português Eça de Queiroz, para seu editor Chardron, em 1877. A novela em questão não passava de um rascunho (publicado cem anos depois, sob o nome de *A Tragédia da Rua das Flores*) mas foi a semente da qual brotariam outras histórias. Entre elas, estava sua obra-prima, *Os Maias*, transformada na mini-série que a televisão brasileira apresenta há duas semanas.

Do amor sacrílego (*O Crime do Padre Amaro*) ao adultério burguês (*O Primo Basílio*), passando pelas trapalhadas do reprimido Teodorico Raposo (*A Relíquia*) e pelo parricídio simbólico e sobrenatural (*O Mandarim*), a transgressão amorosa foi tema central e constante no imaginário narrativo de Eça de Queiroz.

Longe de constituir um fascínio perverso ou escabroso, seu interesse por relações amorosas proibidas tinha raízes em sua história pessoal. Sua mãe engravidou solteira e foi esconder-se na Póvoa do Varzim, um vilarejo praiano, até o nascimento do escritor. Só quatro anos depois ela casou-se com o pai daquele menino, cuja obra seria povoada por protagonistas criados, como ele, por avós, tios, padrinhos ou simples desconhecidos – nunca pelos pais.

A infância distante dos cuidados paternos era o primeiro passo para instalar, nas suas personagens, um sentimento de exclusão e abandono, logo compensados por um apetite erótico violento e sempre insatisfeito. Essa mistura explosiva era o estopim da tragédia, cujo desenlace não trazia o castigo que restaurava a moral romântica, mas sim o remorso fugaz, seguido por indiferença e tédio típicos do realismo que já prenunciava a Modernidade. Tais ingredientes atingiram, em Os Maias, seu clímax de tensão dramática. Na saga dessa família trágica, a ligação doentia entre a Condessa de Runa e seu filho Pedro tece uma teia inconsciente de desencontros e equívocos que explodirá em incesto, uma geração depois. Era tempero suficiente para sacudir a crítica e seduzir o público, sem ultrapassar jamais os limites confortáveis e estreitos do folhetim novelesco, envolvente porém descartável (o projeto inicial do autor era, de fato, publicar a obra em capítulos no *Diário de Portugal*). Mas esse romance estava fadado a ser notável graças à uma profundidade psicológica sem precedentes.

Ao contrário dos heróis clássicos, que sucumbiam perante os ditames do destino, as personagens de Os Maias sucumbem frente à força sexual que ruge dentro delas e que as arrasta na direção do abismo. É assim que Eça de Queiroz expõe, com a frieza dos anatomistas, a nudez da nossa fraqueza frente à força de nossos desejos, cujo poder nos dirige, cuja natureza mal conhecemos e cujo furor nos transpassa e só arrefece quando, para bem ou para mal, conseguir se descarregar.

Dionísia, a devassa aposentada de *O Crime do Padre Amaro*, nunca se iludia com o esplendor das fardas, nem com a austeridade das batinas, pois sabia que, debaixo delas, sempre havia "*a mesma miséria bestial da carne*". Foi através de um olhar como o dela, firme e compassivo, que Eça de Queiroz escreveu toda sua obra – às vezes crua, mas sempre humana. Olhar em tudo semelhante àquele da Psicanálise, que Eça não conheceu pessoalmente, mas soube antecipar, em Os Maias, com sua percepção genial.

21/01/2001

OS FARÓIS DA RUA AUGUSTA

Sempre morei em São Paulo, a mesma cidade onde nasci, há quarenta e sete anos. Conheço poucas cidades além desta pois, ao contrário de muitos colegas, não sou grande fã de viagens, não simpatizo com aviões e gosto da minha terra. Contudo, se eu tivesse de escolher um outro local para morar, não pestanejaria em eleger Veneza, Ilhabela ou Campos do Jordão. Entre várias razões, minha tripla escolha deve-se a um fato simples: nenhuma das três tem faróis.

Farol, sinal, sinaleira, semáforo: conforme a região do País, muda a nomenclatura, mas permanece invariável o tempo precioso que este distintivo da vida urbana acaba por nos roubar diariamente. Nem Proust seria capaz de recuperar tanto tempo perdido. Ele, tão encantado com ícones da Modernidade – tais como telefones e elevadores – talvez descobrisse, num sinal fechado, alguma poesia que, aos mortais comuns, escapa por completo. Para estes, os faróis não passam de um estorvo gratuito, caprichoso e antipático.

Mas já houve tempo em que não era preciso ter o raro talento proustiano para encontrar meios de sobreviver à chatice de um farol ou à tortura de um engarrafamento. Eu mesmo – que vivi esta época e dou testemunho dela hoje – já passei por muitas experiências inesquecíveis enquanto esperava o sinal ficar verde ou dissolver-se o trânsito mais carregado.

Qualquer pessoa de idade parecida com a minha, que viveu por algum tempo nesta cidade, viu ou ouviu falar da rua Augusta. Centro comercial elegante e sempre em dia com a moda de então, era de noite que ela revelava sua personalidade secreta. Conforme o sol se escondia e as lojas *chics* fechavam suas portas, uma infinidade de automóveis e motos, abarrotados de jovens, vinha se enfileirar ao longo de seu traçado retilíneo, movidos pelo mais explícito furor erótico.

Por ser de mão dupla, estreita e não conter ilhas de separação entre suas pistas, a Augusta propiciava a formação de um corso de veículos em seus dois sentidos. Quem subia para a avenida Paulista, emparelhava na janela de quem descia para os Jardins. Aí rolavam as paqueras intensas, fugazes, variadas, envolventes, ingênuas e descartáveis. Um farol fechado, nessas horas, era uma benção. O engarrafamento, um aliado. E a vida, bem alegre.

Não sei como andam as coisas nessa rua, outrora tão famosa. Meus parentes mais jovens já não vão mais lá nem para comprar, muito menos para paquerar a céu aberto (eles preferem as compras e as baladas em recinto fechado). Sei que, naquela época, a Augusta era um cenário de nossos dribles na frustração repressiva dos faróis. O tempo que eles nos tiravam era a senha para liberarmos o desejo de viver e amar em paz, nos romances que – desconfiávamos – de tão efêmeros, raramente vingavam sequer num beijo.

A vida, nas metrópoles, tem seu preço. Com uma das mãos, elas oferecem avanços e comodidades que as cidades pequenas jamais proporcionariam. Porém, com a mão restante, surrupiam a liberdade de amar, sonhar e até de viver.

Hoje, quando nossas ruas andam repletas de ladrões bem mais perigosos que os faróis inofensivos, renova-se o desafio à nossa criatividade, à nossa capacidade de resistência e saudável rebeldia. A crescente desumanização, que a cidade nos tenta impor, põe à prova o nosso talento para lutar e recuperar os tesouros do corpo e da alma, que a mão leve da loucura urbana sempre nos quer roubar.

28/01/2001

O Tempo da Tecnologia

Buscar a felicidade é o esporte do momento. Apesar de constituir um anseio generalizado de toda a Humanidade há séculos, nunca houve um arsenal tão numeroso de tantos instrumentos, tão concretos e acessíveis, para atingir esse bem-estar só comparável às visões dos místicos e às fantasias paradisíacas.

Ironicamente, as estatísticas sugerem que os quadros de depressão de variados tipos tem crescido bastante ao longo dos últimos anos. Isto não ocorre devido apenas à melhora da capacidade para diagnosticar essas afecções da mente. Tudo indica a presença de um paradoxo: quanto mais a bem-aventurança fica ao alcance das mãos, mais ela parece degradar-se nos horrores depressivos.

O progresso tecnológico acaba criando uma expectativa de realização de todas as aspirações humanas. Constatamos que, graças ao avanço de um complexo sistema de elementos modernos, somos cada vez mais imunes às doenças, cada vez mais potentes no amor, mais espertos nos negócios, mais próximos dos mais distantes pontos do planeta, cada vez menos neuróticos. O problema é que isto não garante que seremos cada vez mais felizes.

A felicidade é um resultado complexo da ação de elementos muito simples. Fugaz, efêmera e volátil como um perfume ao vento, ela infunde seu sabor mágico a partir de receitas rústicas, onde a tecnologia da modernidade não entra.

A alegria, uma das principais fontes da felicidade, é um sentimento comprovadamente influenciado por fatores de natureza instintiva e, portanto, irracional. Não que os estímulos externos não sejam importantes, mas alegrar-se pode ser tão inato como respirar, sugar o leite materno ou espirrar.

Vejam, por exemplo, a reação do personagem de Gene Kelly, em *Cantando na Chuva*. Bastou ele constatar que era correspondido pela garota que amava, para sair a cantar e dançar, numa das maiores demonstrações de felicidade que o cinema já exibiu, indiferente ao temporal tenebroso que, para uma pessoa menos propensa à alegria, estragaria a noite. Aquele apaixonado, longe de praguejar contra o aguaceiro, acabou fazendo da chuva um *partner* de sua dança esfuziante, ao invés de usá-la como cenário de um filme de terror.

Freud afirmou que o dinheiro não nos faz felizes porque não temos noção dele nos primórdios de nossa infância – época em que nascem todos os nossos desejos. A felicidade esta ligada, portanto, à realização de vontades de crianças, que giram em torno de pessoas de carne e osso e não de compostos químicos ou de aparelhos complexos.

Por isso um abraço, um olhar ou algumas palavras de conforto e carinho são fundamentais para nosso bem-estar, em qualquer época ou cultura. Quando estes elementos faltam ou quando esperamos que os aparelhos substituam provas e recompensas de amor, criamos as condições para decepções tão amargas quanto um estado depressivo.

Progredir é uma condição inevitável da espécie humana. Culpar o avanço tecnológico pelas desilusões próprias da vida constitui uma injustiça e indica um equívoco camuflado: esperar da tecnologia algo que ela não nos pode dar. O que a tecnologia nos dá, sim, é mais tempo livre. Com ele, temos mais chances de encontrar o que sempre buscamos: o contacto afetivo com as pessoas das quais depende nossa frágil felicidade.

04/02/2001

MAIORIDADE E MATURIDADE

Embora a maioridade plenamente emancipada só aconteça, de acordo com as leis brasileiras, aos vinte e um anos, é quando fazemos dezoito que começamos a sentir o amanhecer do mundo adulto. Marcado por uma atmosfera excitante, onde se misturam presentes e obrigações, o décimo oitavo aniversário traz o primeiro sabor real de liberdade e os primeiros testes da nossa capacidade para a vida. Cruzar a faixa dos dezoito permite cursar faculdade e tirar carteira de motorista. Podemos comprar e consumir bebida alcoólica abertamente. Temos que responder ao Serviço Militar. Tornamo-nos eleitores e até mesmo contribuintes da Receita Federal. Dispensamos as identidades falsificadas para fugir do vexame de sermos barrados na porta das danceterias. De posse da senha milagrosa que a maioridade representa, entramos em qualquer ambiente vedado aos menores de idade, como shows eróticos ou elencos de novelas.

Nem tudo, porém, são flores. Conforme liberta-se, o jovem começa a ser taxado em dobro no quesito responsabilidade. Não importa que o número dezoito seja uma fronteira virtual e arbitrária entre a falta e a sobra de juízo, nem que os adultos mais veteranos saibam que ninguém amadurece da noite para o dia. Basta esfriarem a dúzia e meia de velas da comemoração para o ex-adolescente ser promovido, queira ou não, a marmanjo juramentado.

Configura-se, então, um mal-entendido muito comum: a maioridade cria uma ilusão de maturidade e emancipação. Esse engano afeta tanto aos pais (cujas tarefas de educação e suporte ainda não terminaram), como aos filhos (cuja capacidade para dispensar os serviços dos pais também não esta completamente instalada). Por isso o risco de deslizes e decepções aumenta logo após a aquisição da maioridade. Haverá tanto mais porres, acidentes de carro, contas no vermelho, gravidezes inesperadas e outros inconvenientes, quanto mais houver adolescentes ansiosos por serem adultos e adultos impacientes por se livrarem logo de seus adolescentes.

O casamento dessas aspirações apressadas coloca em risco uma das épocas mais agradáveis e interessantes da vida: aquela em que somos tomados por uma irreproduzível sensação de orgulho por ter virado gente e, deste modo, entrar para o mundo mágico dos adultos – que é o mundo dos pais.

Entrar para esse clube *privé* não requer prática nem habilidade, muito menos o tão propalado juízo (que muitas vezes não passa de um disfarce para a falta de imaginação). Ser adulto requer, sobretudo, boas doses de modéstia, paciência exemplar para suportar os próprios erros e para tentar corrigi-los, bom humor e tolerância para as infantilidades alheias. Como já se pode ver, nenhuma dessas qualidades cai do céu. Todas elas são fruto de tempo, trabalho e experiência, cujo começo acontece bem antes dos dezoito anos e cujo final perde-se no infinito.

Quem cobrar esses requisitos de um adolescente que acaba de completar dezoito anos é suspeito de querer simplesmente estragar-lhe a festa, cobrando maturidade de quem mal estreou na maioridade. Qualquer jovem acabará fatalmente amadurecendo, não pela vontade do mundo, mas pela força inata de sua constituição e pela ação natural da vida, desde que nenhum desejo nocivo e indevido atrapalhe esse processo espontâneo e irresistível. Para este e outros aniversários, o que é preciso haver é festa, bolo, congratulações e orgulho. Quando estes ingredientes estiverem presentes, é sinal que a maturidade não tardará a conceder seus frutos.

11/02/2001

CRIATIVIDADE X VIOLÊNCIA

Há dias atrás encontrei, quando voltava do trabalho, um grupo de calouros de uma universidade vizinha de minha casa. Eram uns trinta alunos de ambos os sexos. Caminhavam em fila indiana, reproduzindo a imagem dos jogadores da Seleção Brasileira quando entravam em campo de mãos dadas. Só que os calouros estavam com seus pulsos amarrados – o da frente atado no de trás. Vinham silenciosos. O semblante carregado evidenciava marcante constrangimento, nada parecido com a expressão de alegria a que tinham direito pela estréia na tão sonhada faculdade.

O cortejo era, evidentemente, parte do trote. Expunha adultos jovens ao vexame de circular pela via pública naquela situação ridícula. Tolhia sua liberdade, fazendo-os andar como se estivessem algemados. Castigava com humilhação – ao invés de premiar com dignidade – aos que atravessaram um ano ou mais de esforço para enfrentar o vestibular e conseguir uma vaga espremida na universidade.

O trote é uma dessas atividades que não possui inventor. Se tivesse, ninguém ergueria uma estátua para saudá-lo (tampouco ao seu invento). Suas origens históricas perdem-se no tempo. Acabou virando uma tradição universitária internacional cada vez mais antipática, até chegar a conseqüências catastróficas. Mas nem assim essa espécie de praga parece estar em fase de erradicação.

Este ano, alunos da Escola de Comunicação e Artes da USP criaram uma campanha publicitária para enfrentar a violência que se tornou parte inseparável do trote. Eles produziram diversos cartazes com fotos de bichinhos de pelúcia, numa alusão aos calouros (chamados, pelos veteranos, de "bixos" – com x mesmo). Cada um dos bichinhos aparece com uma marca de lesão em seu corpo – uma perna enfaixada, um olho roxo, etc.

Uma das alunas responsáveis pela campanha explicou que a escolha dos bichinhos lembrava que, como as crianças, os alunos iniciantes estão pouco preparados para vida (universitária). Assim como o bebê deve contar com o auxílio dos mais velhos para adaptar-se e desenvolver-se, as fotos lembram que submeter os "bixos" a tratamento agressivo e cruel contraria essa lei da natureza, que manda o mais experiente proteger – ao invés de injuriar – o menos capaz.

Creio que essa campanha, apesar de brilhante, encontrará dificuldades em banir a taxa de violência ainda presente e tão aderida ao trote. Mas um tento, ao menos, ela já marcou: dissecar, com uma precisão de dar inveja aos psicanalistas, quais as causas que dão vida a essa praga destrutiva.

O trote é sempre um ataque onde um grupo vale-se de sua maior experiência e organização para agredir, moral ou fisicamente, os menos experientes. Como não há competições em jogo, esse procedimento, gratuito na fachada, é encomendado para satisfazer a crueldade dos praticantes, conhecida como sadismo. Significa fazer o mal "*só para ver gente fazer careta*", como dizia o jagunço Riobaldo, no Grande Sertão.

Além de sádico, o trote é o gesto em que o mais velho ameaça o mais novo. Sua raiz mitológica remete ao deus Cronos que devorava os próprios filhos indefesos. Isto se chama filhicídio. O trote não passa disso. As tentativas de adoça-lo e disfarçar seu sabor amargo nada podem contra o mau odor que os porões de sua origem inconsciente sempre exalam.

Para enfrentar tanta violência invisível e camuflada, só mesmo uma golpe de criatividade e sutileza tão certeiras quanto as dos alunos da ECA.

18/02/2001

A Tragédia da Arrogância

Se Édipo ficasse quietinho no seu canto, o urubu da tragédia certamente não pousaria sobre a sua sorte. Mas ele era o tipo do sujeito com vocação para se estrepar. Primeiro, deu-lhe na veneta importunar os deuses para xeretar sobre seu futuro. Como quem pergunta o quer, ouve o que não quer, descobriu que uma profecia assustadora pesava sobre os seus horizontes – estava fadado a matar seu pai e a transar com sua mãe.

Pensando que bastava fugir de Corinto, sua cidade, para driblar o destino, Édipo deixou sua vida mansa de príncipe. Mal meteu o pé na estrada, já arrumou encrenca: discutiu com um desconhecido a troco de banana. No meio da briga, apelou para a ignorância e acabou matando o tal sujeito. Assustado, fugiu de novo.

Nos arredores de uma outra cidade, topou com um bicho-papão chatíssimo, de nome Esfinge, cuja diversão preferida era infernizar a vida dos transeuntes com perguntas enigmáticas, ameaçando jantar quem não acertasse a resposta.

Ao invés de confessar ignorância e deixar-se devorar como qualquer mortal, Édipo deu uma de esperto de novo e respondeu a pergunta cretina. Acertou na mosca. O monstro, enojado com tamanha pretensão, atirou-se de um penhasco.

Ao descobrir a façanha, os moradores do local fizeram de Édipo o salvador daquela pátria, chamada Tebas. Carregaram-no em triunfo e ofereceram-lhe a coroa e a mão de Jocasta, a rainha viúva, pois o rei da cidade fora morto, recentemente, por um desconhecido. O recém-eleito herói aceitou os dois troféus no ato.

Tudo ia muito bem quando a peste deu as caras na cidade. Injuriado com o flagelo que enfeava a beleza de sua gestão, Édipo, agora rei, lá foi de novo cutucar os deuses, para descobrir qual a causa daquela desgraça. A resposta foi curta e grossa: a impunidade grassava no local. O rei fora morto, o culpado estava em liberdade e ninguém estava nem aí. Ou pegava-se o assassino, ou o bicho ia pegar mais ainda.

Nosso herói não se fez de rogado e jurou desvendar o crime. Criou comissão, abriu inquérito, ouviu testemunhas, investigou, intimou e nada! Apelou até para um vidente do lugar, um cego muito procurado. "*Sai dessa que é fria!*", aconselhou o ceguinho, mas Édipo, teimoso como uma mula, insistiu na busca.

Como quem muito procura, sempre acha, Édipo também achou: descobriu que aquele desconhecido que ele matara na estrada era o rei. Portanto, o assassino tão procurado era ele próprio. Pior ainda: ficou sabendo que o rei que matara e a rainha que desposara eram seus pais de verdade. Eles também tinham mania de saber o destino (tal pai, tal filho). Quando Édipo nasceu, souberam da mesma profecia fatal: aquele bebê mataria o pai e casaria com a mãe. Apavorados, enjeitaram o rebento. Mas um pastor achou-o e levou-o para Corinto, cujos reis adotaram-no. E ele nada sabia.

Essa tragédia grega – que ajudou Freud a criar uma das principais teorias sobre a nossa mente – mostra que carregamos, dentro de cada um de nós, as sementes da nossa própria desgraça. Se caírem em terreno propício, elas farão brotar armadilhas contra nós mesmos, transformando o sucesso em infortúnio. O sentimento que mais contribui para esse resultado nefasto é o mesmo que vitimou o personagem-símbolo da Psicanálise: a arrogância. Sempre que usamos nosso talento para zombar do perigo, dos nossos limites e dos alertas da experiência, podemos ter certeza: qualquer vitória será passageira, pois é movida a arrogância. A história de Édipo é um lembrete que herdamos dos gregos, para reagirmos a tempo.

25/02/2001

CORAÇÕES À SOLTA

Andar é um ótimo exercício para prevenir doenças coronarianas. Por isso o professor Fúlvio Pileggi, grande cardiologista da Faculdade de Medicina da USP, disse esta frase, que ouvi faz algum tempo: "*Leve seu cachorro para passear todos os dias, mesmo que você não tenha um cachorro!...*" Gostei muito dessa idéia e comecei a imaginar alguma sentença parecida, que sugerisse uma atividade tão boa para a mente quanto o caminhar é bom para o coração. Parti do mesmo conceito de movimento, pois na mente, como no corpo, o sedentarismo produz estagnação e nunca é benéfico.

A mente saudável é aquela capaz de oferecer livre trânsito para todos os sentimentos. Esta é uma condição ideal. Difícil, portanto, que ela aconteça plenamente. O motivo é bem simples: a movimentação emocional sempre provoca alguma dose de abalo mental, gerando angústia e dor psíquica.

Se esse desconforto não for tolerável, nossa mente reagirá como se fosse um membro submetido à dor: diminuindo sua movimentação (neste caso, através do bloqueio da circulação de emoções). O resultado é a formação de uma área de congestionamento psíquico que, com o tempo, poderá ficar sedentária.

Uma analogia dessa situação acontece quando vemos alguma pessoa silenciar sobre um tema desfavorável a si (como faria um político, acusado de corrupção). A diferença é que, ao agir assim, somos movidos por estratégias conscientes, enquanto o sedentarismo mental baseia-se em mecanismos inconscientes.

Esta forma de proteção contra a angústia seria uma tirada de mestre, não fosse por um detalhe: quando barramos os nossos sentimentos, ficamos um pouco mais órfãos de nós mesmos, mais pobres e menos sensíveis ao mundo que nos cerca.

Isto acontece porque todos os sentimentos, incômodos ou prazerosos, que circulam em nossa mente, provém da infância. Esta etapa da vida, onde nasce e configura-se o caráter, permanece ativa por toda a vida. Ela é a nossa única fonte de sentido para o viver. Mesmo sendo quando recheada de turbulência ou sofrimento, é nossa única riqueza. Sem nossa infância, ficamos todos na mão.

Permitir o passeio das emoções ou bloqueá-las, equivale a dar maior ou menor liberdade ao lado infantil de nossa mente. Quando os afetos podem brincar em nossa alma, como se ela fosse um parque infantil desprovido de bedéis ameaçadores, viveremos momentos de integração e saúde. Mas se o vai-e-vem emocional for proibido sumariamente, caminhamos direto e reto para a estagnação que põe a saúde mental em risco.

A saída é aprender a lidar com crianças. Não com qualquer uma, mas com aquela criança que fomos um dia e seremos para sempre. Esta é, aliás, a única forma de tornarmo-nos adultos, ainda mais quando esse cuidar não desnatura nosso lado infantil, nem deixa que ele tome conta de nossa vida.

Deixar livre a pista para nossa infância trafegar é uma das melhores medidas preventivas contra os males do espírito. O caminhar pela vida torna-se mais consistente, verdadeiro e promissor, pois quem rompe com o passado acaba ficando sem futuro. Por tudo isso, aquela frase que imaginei, parecida com as palavras do Prof. Pileggi, ficou assim: *"Leve sua criança para passear todos os dias, mesmo que você não perceba que tem uma..."*

04/03/2001

Um Justo

Nos tempos modernos, todo mundo tem direito a pelo menos quinze minutos de fama. Boa ou ruim, a celebridade tornou-se quase destino obrigatório de qualquer cidadão, devido mais ao poder avassalador da mídia do que à excelência das realizações humanas. Já o direito à santidade é bem mais antigo. O escritor italiano Giovanni Boccaccio conhecia-o desde sua época, setecentos anos atrás, ao narrar a história de Ciappelletto, um crápula em vida, transformado em santo depois de morto. Graças à compaixão, que a morte costuma despertar, nem bem se passa desta para a melhor e os vivos remanescentes logo começam a negar defeitos e exagerar qualidades, beatificando até quem não merece.

Estas poderiam ser razões suficientes para tecermos uma explicação rude, cínica e certamente injusta para a comoção nacional disparada pelo falecimento do governador Mário Covas. O caso de Covas, porém, era outro. A dor de sua morte já o mostrou, pois não trouxe o esperneio barulhento e superficial, mas gerou um enlutamento extenso, profundo e contrito, geralmente seguido àquelas perdas que, de fato, pesam na balança.

O caso de Covas era outro justamente por constituir uma espécie de milagre, se examinado à primeira vista. Como pode ser que alguém que se assumia como um teimoso incorrigível, evidenciava momentos de truculência, era sujeito a visíveis crises de azedume e raramente tinha freios na língua, foi capaz de despertar uma reação tão afável, cordial e terna em tanta gente? Eu suspeito que isso aconteceu porque Covas se transformou (talvez sem se dar conta) numa autoridade.

Autoridade, entre nós, é termo arrepiante. Provoca revolta, desconfiança e desprezo porque sempre evoca autoritarismo, desmando, capricho e privilégio – qualidades sem dúvida nefastas que são uma distorção da autoridade genuína. Esta não cai do céu, não se adquire por decreto ou pela força grotesca das armas ou do dinheiro. Ela é um presente que alguém recebe dos seus pares após uma longa jornada de realizações, cujo traço comum é a sinceridade.

Quem se limita a falar somente sobre o que acredita, adquire automaticamente uma autoridade cujas raízes vão se tornando cada vez mais sólidas e penetrantes no coração e na mente das pessoas. Suas chances de acerto aumentam. Sua credibilidade cresce. Sua voz destaca-se do murmúrio indiferenciado para constituir uma liderança enriquecedora e pouco afeita ao totalitarismo. Seu saber torna-se mais capaz de aprender do que de ensinar. Seus ensinamentos virão do exemplo que emana de seu comportamento.

É por causa disso que o coração sincero torna-se autônomo – este sim o verdadeiro sentido da autoridade. Não vive mais a receber ordens de ninguém e não pauta sua vida em ordenar aos demais. Deixa de buscar o conforto fácil e duvidoso dos resultados e dos aplausos. Seu tempo é dedicado a cuidar de como agir melhor e mais de acordo com os princípios cujo valor é reconhecido por todos.

Mário Covas foi um homem sem segredos, como todo homem sincero. Daí nasceu sua autoridade. Isto fez dele mais do que um famoso, mais do que um santo. Sua autoridade vinha dele ser aquilo que ele de fato era. Sendo assim, não foi célebre, nem beato: foi justo. Os justos também morrem, mas não os perdemos jamais, porque não podemos evitar imitá-los. Então, eles continuam a viver em nós.

11/03/2001

As Almas Sisudas

Levar-se a sério demais, para além de certas medidas, é uma das maiores bobagens que podemos fazer na vida. Perder a noção dessa fronteira que separa o importante do descartável é uma ameaça e tanto para a nossa paz de espírito. Se não reagirmos logo e insistirmos, por muito tempo, nessa atitude desastrosa, em breve estaremos à beira de um ataque de nervos. Não demora e essa condição insustentável já começa a provocar baixas em nossos melhores recursos. A primeira vítima da sisudez da alma é o humor. A imaginação e a criatividade sucumbem logo após. Notam-se avarias severas na auto-estima e na confiança em nosso talento. Na esteira dessas lesões, começam a surgir verdadeiros sintomas, como a hipocondria, a depressão e a angústia generalizada em pânico.

A pessoa envolvida por essa cadeia opressora nem sempre tem uma aparência séria. Pode ter um jeito tranqüilo, muitas vezes é brincalhona, quando não goza a justa fama de ser equilibrada e sensata. O que a transforma em portadora da seriedade patológica (que costuma ser inconsciente) é o modo como ela se relaciona com seus sentimentos, idéias e pensamentos. Ela tende a confiar cegamente em todo esse material, sem investigar sua procedência, nem testar sua adequação aos fatos.

São várias as causas dessa confiabilidade mórbida: a pretensão de ser diferente dos outros, a fome insaciável de certezas sobre as grandes questões humanas, uma sensação de remorso obstinado e irracional, o pavor de crescer e de dar certo. Porém o fator decisivo para desencadear a seriedade inadequada geralmente é algum problema, situado na história da pessoa, que a impede de confiar na vida.

É sempre tentador batizar essa dificuldade com o famoso termo "trauma" pois é comum identificar uma situação desse tipo que realmente acarrete essa confiabilidade exagerada em si mesmo. Mas o que encontramos, com mais freqüência, é uma atmosfera emocional que envolve a pessoa, durante os anos de sua formação psicológica, onde se respira doses sufocantes de medo.

O medo é um sentimento corriqueiro, comum a todos nós, necessário para criar noções mais elaboradas e indispensáveis para o nosso bem estar. Sentir medo é a semente para desenvolvermos, com a maturidade, a idéia de risco. O risco difere do medo porque pressupõe a existência de uma área de segurança e outra de perigo, entre as quais podemos desenvolver muitos procedimentos que devem ser seguidos e outros que devem ser evitados.

A noção de risco envolve o medo como um fruto, envolve suas sementes. Enquanto o risco toca mais à razão, o medo toca às vísceras de nossa mente. Mas quando passamos boa parte da infância inalando sentimentos que parecem perseguir nossa integridade, a transformação dos temores terríveis em conceitos mais elaborados é insuficiente para afugentar os fantasmas que rondam os nossos porões.

Daí reagirmos como reagem os apavorados, que dão ouvidos a qualquer rumor, acreditam em boatos, tem pavor do futuro, detestam mudanças, confundem insetos com monstros gigantescos. Para quebrar esse círculo vicioso, é preciso muito tempo de convívio com gente que não se assuste conosco e nos mostre que a fonte do que mais tememos é a nossa própria natureza. Só então poderemos amestrar um pouco nossos instintos, até repetir a frase do caipira, que dizia assim: "*Não tenho medo do homem, nem do ronco que ele tem. O besouro também ronca: vai se ver – não é ninguém!*"

25/03/2001

COM A MENTE NO CORPO

"Quando a cabeça não pensa, o corpo sofre!" Esta frase popular poderia ser o *slogan* da Medicina Psicossomática, área de estudo que vem tentando agregar os esforços médicos e psicológicos para a melhor compreensão do papel da mente na gênese de doenças orgânicas.

A frase traduz, de forma extremamente sintética, um dos principais conceitos criados ao longo de mais de meio século de pesquisas das conexões da mente com o corpo: muitas doenças, cujas raízes encontram-se na história da vida de uma pessoa, aparecem como forma de comunicar situações mentais que não encontraram outra forma de expressão através dos meios relacionados com o pensamento emocional.

Nem sempre é fácil imaginarmos como uma emoção pode se transformar em mensagem escrita nos órgãos. De um modo geral, estamos acostumados a pensar nas emoções sempre associadas a palavras. Assim o amor parece estar sempre envolto em frases carinhosas, o ódio vem de mãos dadas com ofensas e palavrões, o medo pede socorro, e assim por diante.

Mas os sentimentos também são acompanhados por reações orgânicas: mudanças dos batimentos cardíacos, na respiração, pressão arterial e movimentos intestinais; nos hormônios, neuro-transmissores e demais mediadores químicos.

Essas alterações formam uma espécie de linguagem corporal que pode ser lida como expressão de emoções. Os aparelhos, famosos nos anos cinqüenta e hoje em desuso, chamados "detectores de mentiras" mediam certos índices orgânicos durante interrogatórios, sabendo que alterações desses indicadores podiam trair o estado emocional de pessoas suspeitas e flagrar possíveis enganadores da Lei.

Há muitas diferenças entre essa linguagem orgânica e o idioma das palavras. Além de conferir mais especificidade, riqueza e sofisticação à comunicação, as palavras surgem muito depois do nascimento, enquanto os órgãos já falam mesmo antes da pessoa deixar o ventre materno.

As palavras são a base do pensamento. Pensar, no grau mais desenvolvido que conhecemos, não se resume a criar conceitos lógicos a respeito dos fenômenos que nos cercam, do modo como fazem o cientista ou o filósofo. Significa estabelecer uma ligação estreita e expressiva entre emoções e palavras que as representem, de modo a aliviar o peso da mente.

Esta usina processadora de sentimentos tem seus limites. Se eles forem ultrapassados por uma carga excessiva de afetos, estes acabarão transbordando. Quando isto acontece, a linguagem corporal será reativada. Então o corpo e seus órgãos falarão o que a mente não teve condições de dizer.

O romântico desmaio frente a um episódio chocante, a grave doença após longo período de estresse no trabalho, as cólicas às vésperas do vestibular: casos como esses mostram como histórias de frustração, queixa ou medo, que a mente não conseguiu contar, são narradas pela linguagem cifrada do organismo. A Psicossomática teve a mesma função da Pedra da Roseta, que nos deu acesso aos hieróglifos egípcios.

Seguindo este raciocínio, surge uma tentadora conclusão: se pensarmos mais e melhor, conforme sugeria o ditado, não sofreremos mais de nenhuma doença. Isto, como se sabe, não é possível, pois adoecer é um fenômeno tão normal da vida quanto morrer. Pensar mais e melhor apenas evita desperdiçar a saúde e economiza doses dispensáveis de sofrimento. O que já é – convenhamos – um grande negócio.

01/04/2001

NARCISO APAIXONADO

O amor é uma das mais poderosas interferências na trajetória da vida. Conforme ele interfere, acaba ferindo aos que o sentem. Sua primeira lesão atinge em cheio o afeto que dedicávamos a nós mesmos, conhecido pelo nome de narcisismo. Ele reage como um rival invisível, silencioso e inconsciente, sempre que amamos alguém. Esta reação pode assumir diversas configurações, todas encomendadas para compensar o abandono que sofremos em favor da pessoa que estivermos amando. A forma de recompensa narcísica mais procurada é a correspondência amorosa.

Quem ama espera ser amado de modo idêntico ao seu modo de amar. Embora pareça a expectativa mais óbvia e inocente do mundo, a correspondência também serve para impedir que o amante se sinta inferiorizado, prejudicado ou humilhado por ter desistido do seu amor-próprio em troca da amada.

Outra forma mais complicada de compensação é transformar sentimentos em espetáculo. Muito utilizado na adolescência e freqüente entre os homens, este desvirtuamento do amor goza a fama injusta de ser o grau máximo de afeto que se pode encontrar no mercado.

Uma garota que não sonhasse com uma daquelas faixas repletas de declarações românticas e caretas penduradas nos postes, com cartas quilométricas onde se lê "eu te amo" escrito milhões de vezes, ou com alguma peripécia mais ousada (incluindo algum risco físico de seu namorado), passaria por insensível. Uma mulher madura que ainda acreditasse nestas manobras pirotécnicas, certamente seria tola se ao menos não desconfiasse que poderia estar servindo de trampolim para as exibições de um homem vaidoso.

"*Como o amor não é um show, tem pouco a ver com aplausos*", ensinava um filósofo. Quando há demonstrações excessivas de um sentimento que costuma ser sutil, as suspeitas sobre a real capacidade de amar de seus praticantes devem crescer. Se o gesto amoroso beirar a *overdose*, o que pode estar em jogo é o mimo – este sim, sempre exagerado, barulhento e extravagante.

Mimar é um comportamento gerado pelo narcisismo mal digerido. Começa pela infância, quando os pais, inseguros quanto à sua capacidade para amar, não conseguem transformar a auréola de ternura que deve envolver seu bebê, de modo a incluir, pouco a pouco, regras e limites (sempre frustradores para seus filhos e para si mesmos). Confundindo afeto com veneração religiosa, colaboram para transformar filhos em reizinhos e princesinhas, cada vez mais exigentes e insuportáveis.

Ao crescer, essas pequenas majestades criarão, no lugar de amantes, súditos ou fãs de sua recorrente habilidade para seduzir. Para eles, é quase impossível entregar o coração de peito aberto e de mão beijada, sem esperar muito em troca. Só podem amar mediante a garantia de audiência e de retorno lucrativo do investimento. Não podem dispensar os holofotes para amar no escuro, como plebeus. Quanto mais pretendem demonstrar seu amor, mais parecem estar embevecidos consigo mesmos.

Amar é difícil porque nos obriga, entre outras coisas, a renunciar às mordomias do narcisismo. Sair dessa posição de conforto para as incertezas do mundo é uma das mais duras e decisivas provas da existência: equivale a deixar o colo materno para arriscar os tropeços e os arranhões comuns à vida. Quem não conseguir levantar desse berço, tão esplêndido e tão ilhado, pode até aprender a imitar bem um grande amante, mas sempre mancará um pouco na hora de amar.

08/04/2001

As Faces da Angústia

Uma das tarefas mais difíceis da vida é conviver com a angústia. Mais penoso ainda do que aceitar os desenganos, o convívio com a ansiedade propõe maiores desafios, pois, ao contrário das frustrações, nem sempre podemos perceber as motivações da angústia que, muitas vezes, surge sem mais nem menos em nosso horizonte.

Nada parece mais com a sensação de estar ficando louco do que ser invadido por essa espécie de medo sem dono, sem origem, nem razão. Sentir o peso da angústia, enquanto verificamos que as pessoas, ao nosso redor, permanecem calmas e felizes, sem dar notícias do mesmo horror que nos aflige, longe de tranqüilizar o espírito, faz crescer ainda mais a sensação de isolamento e de desequilíbrio mental.

É por isso que realizamos verdadeiros malabarismos psíquicos para evitar o confronto com esse monstro sem alma. As tentativas de exorcizar a ansiedade formam uma espécie de muralha protetora, dentro da qual ficamos tão seguros quanto presos, trocando nossa liberdade por migalhas de confiança de curto alcance e de eficácia sempre duvidosa.

Freud chamou os procedimentos encomendados a varrer a angústia do cenário mental de "mecanismos de defesa". Eles são tantos e sua ação é tão variada que Anna, a filha de Freud que resolveu ser psicanalista como o pai, chegou a escrever um livro inteiro só para enumerar todos. Apesar de tanta diversidade, todas as defesas apresentam algumas características em comum: são inconscientes, dão uma solução eficaz, porém provisória, ao problema da ansiedade e tem uma relação custo-benefício que acaba se revelando desfavorável com o passar do tempo.

Tomemos, como exemplo, o mecanismo defensivo que ficou mais famoso, junto à opinião pública, desde que foi descrito, há mais ou menos um século: a repressão. Ela funciona de maneira sutil, desativando alguns desejos que não podem ser realizados, nem abandonados. Como se retirasse as pilhas de um aparelho eletrônico, a repressão não inutiliza nada: apenas desmonta temporariamente uma ligação, como quem faz uma mala em casa, para retirar a roupa quando chegar ao destino de sua viagem.

Como toda solução acaba criando novos problemas, a repressão deixa uma espécie de vazio na vida. Ao desvitalizar uma parte importante da mente (quase sempre, uma região psíquica aparentada com a vida sexual), ela acaba gerando algo parecido com um membro anestesiado; presente, mas inativo. Os resultados são empobrecimento, insatisfações crônicas e, principalmente, uma espécie de seqüestro interior cuja administração torna-se cada vez mais inviável.

Reproduzimos, então, o comportamento de quem está submetido aos caprichos de um chantagista. Qualquer passo em falso e ele dispara um choque de angústia numa voltagem suficiente para retrair nosso movimento e incrementar nossas defesas, reforçando as paredes do cárcere privado que construímos para nós mesmos.

Escapar da cela onde nos seqüestramos requer modéstia e coragem. Modéstia, para aceitar a ansiedade como uma regra do jogo da vida e não como falta contra nossa pretensão. Coragem, para carregar a cruz da angústia com a devida classe, pois esse duro convívio é o primeiro e indispensável passo para descobrirmos as raízes dos nossos tormentos e aprendermos a cuidar melhor de nós mesmos.

15/04/2001

FILOSOFIA DOS ERROS

Por volta de meus cinco anos de idade, precisei retirar as amídalas. Era uma cirurgia simples, de pouco risco, com um pós-operatório que era uma festa: os otorrinolaringologistas prescreviam a ingestão de alimentos líquidos ou pastosos, em baixa temperatura, para promover uma constrição dos vasos sanguíneos da garganta e garantir uma cicatrização rápida e segura. Resultado: os pais, que proibiam sorvete e refrigerante, vinham implorar que a gente se entupisse deles.

Uma reversão do proibido para o necessário desperta na alma uma mistura de alívio e discreta vingança. Imaginem, por exemplo, se alguma autoridade incontestavelmente aceita comprovasse, por A mais B, que fumar faz bem à saúde, que o excesso de colesterol prolonga a vida e que prevaricar é o máximo da moralidade. Foi isso que fez o filósofo alemão Friedrich Nietzsche (1884-1900) ao afirmar, nas barbas da nossa pretensão narcísica, que *"errar na vida é necessário à vida"*.

Qualquer pessoa dita madura aprende a ser tolerante com as falhas, próprias e alheias, mesmo que, em seu íntimo, continue a encará-las como acidentes de percurso inevitáveis mas sempre indesejáveis. É aí aonde o mestre alemão vai mais fundo, ao considerar nossos equívocos como realizações tão indispensáveis para a existência quanto um sorvete, para a recuperação de uma garganta recém-operada.

Para quem passou a vida perseguido pelo medo de errar, uma afirmação dessas, que poderia soar como um bálsamo libertador, acaba provocando perplexidade e desconforto. Quando o acerto vira erro e as bobagens viram a base da sabedoria, o mundo parece transformar-se numa inversão carnavalesca; a reflexão filosófica, numa piada de mau gosto e seu autor venerável, num maluco pervertido. Mas se o embasbacado leitor de Nietzsche olhasse à sua volta, constataria como há erros que, se não os cometemos em hora e local apropriados, farão uma falta medonha. Pior: ficarão ali, na soleira da nossa porta, em fila, pacientes e conformados, esperando que desçamos do pedestal e convoquemos sua presença fecunda e escutemos o que eles nos têm a dizer e ensinar.

A lista dos equívocos necessários para homologar a nossa transformação de bichos em gente caberia, talvez, num tratado extenso; nunca no estreito espaço de um artigo. Só para citar, eis aqui alguns: gastar mais do que se ganha, amar quem não merece, cobrar de quem não tem, prometer para que outros cumpram, aceitar tarefas superiores à capacidade de trabalho, acreditar nas aparências, descrer das evidências, menosprezar o perigo, desprezar quem nos ajuda, ajudar quem nos despreza.

Ao contrário do que se pensa, é sobre o lombo das pessoas com mais talento para a normalidade que recai o peso frustrador dessa listagem interminável de roubadas. São estas pessoas que pagam o preço da ousadia, da criatividade, da fé e da imaginação – fontes de vida e fontes de erro. Num terreno tão movediço, acertar sempre na mosca é sucesso suspeito de ligação com loucura ou com trapaça.

Errar é a matéria-prima indispensável para sintetizarmos remédios eficazes no combate à pretensão, à vaidade e à impaciência desenfreadas. Somente na dolorosa elaboração de nossas piores mancadas, forjaremos a solda que fixa na mente as lições da vida. Cada falha digerida é um degrau de nossa escada rumo à sabedoria. Este é um privilégio exclusivo dos que nasceram tolos, pois só quem sabe cometer tolices descobre o tesouro escondido naquelas palavras de Nietzsche.

22/04/2001

O DISCRETO CHARME DO ADULTÉRIO

Uma das lendas mais difundidas a respeito do adultério conta que ele é um indício preciso e infalível de que existe algo de podre na relação de um casal. Segundo esta crença, casamento, namoro ou qualquer outro tipo de vínculo amoroso em bom estado de conservação, não comporta regra-três (nome herdado do número da regra que dispõe sobre as substituições dos jogadores no futebol). Outra lenda também famosa supõe que pessoas emocionalmente amadurecidas estão imunizadas contra a praga da traição conjugal. A madureza aí suposta, já se vê, é mais agrícola do que psicológica, uma vez que, na mente humana, o mundo adulto convive com o universo infantil – fenômeno desconhecido da Botânica. Por exemplo: um tomate, uma vez maduro, jamais tornará a ficar verde (quando muito, apodrece).

Como o repertório lendário que cerca a infidelidade conjugal parece não conhecer limites, há uma terceira lenda, muito repetida, sob forma deste adágio: "Marido (e para evitar machismos indesejáveis) *ou esposa traído(a), é sempre o(a) último(a) a saber...*" Ledo engano: rara é a pessoa que, presa desta embaraçosa situação, não suspeite – ao menos na intimidade do inconsciente – de ter arrumado um rival secreto, mas por bom senso ou comodismo, faça de conta que nada vê.

Por último, aí vai mais uma crendice: o adultério é um pecadilho, um pequeno deslize, quase insignificante para o sexo masculino, dada a saudável e incontrolável tendência dos homens à prática do salto de cerca. Porém é crime hediondo, quando praticado pelas mulheres. Nem é preciso dizer como a distribuição paritária de direitos e deveres entre os membros de um casal vai para o brejo, segundo esta concepção tradicional e indulgente com os machos da nossa espécie.

Só figuras carismáticas tem o poder de gerar, em torno de si, tanto lendas como preconceitos. É o caso do adultério, fantasma que ronda os casais e tira o sono de ciumentos e moralistas, enquanto injeta uma dose extra de tempero na imaginação de casados e solteiros. Todo esse encanto é fruto do seu potencial transgressor das leis que geraram os sagrados laços do matrimônio e impuseram um obstáculo ao desejo sexual humano, que nasce sem conhecer regras, nem fronteiras.

Ao contrair amantes, o adúltero, macho ou fêmea, sente-se súbita e inconscientemente transformado em herói rebelde, esgrimindo contra as convenções caretas e restritivas. Como se portassem um excitante diploma de fora-da-lei sexuais, aqueles que mal suportavam o peso da fidelidade e cochilavam na modorra da vida burguesa, adquirem o toque mágico de libertinagem que faz, da mulher do subúrbio, uma *Belle de Jour*; do executivo entediado, um pirata saqueando os haréns proibidos.

Essa exaltação frenética e liberadora dos espíritos recalcados é sinal de um desalento insatisfeito que o candidato a adúltero negligenciou, às vezes por anos a fio. Uma vez satisfeita a curiosidade e descarregada a ânsia de aventura, muitos transgressores retornam, de livre e espontânea vontade, para o aconchego do lar, que até a pouco lhes dava engulhos, reproduzindo os dizeres daquele *out-door* de propaganda de um motel: "Antes à tarde do que nunca!..."

Por isso o adultério, tido como o inimigo público número um dos casais, freqüentemente era o alvo e acaba resgatando, mesmo quando não se consuma, muito casamento à deriva. Não é remédio que se prescreva, mas seu perfume envolvente pode ser o bálsamo contra monotonia, desleixo e intolerância, aplicado pelas mãos sedutoras de Édipo, o eterno padroeiro das fantasias extraconjugais.

29/04/2001

MELODIA CEREBRAL

A Lombardía, província do norte da Itália, assistiu, durante o século XVII, ao apogeu da arte dos *luthiers*, nome dado aos fabricantes do violino, esse instrumento tão delicado quanto misterioso e diabólico. As oficinas de Nicollò Amati, Guarneri del Gesú, Giovann Paolo Maggini e Antonio Stradivari criaram verdadeiras jóias, disputadas, até hoje, a peso de ouro.

Nas mãos igualmente mágicas de Fritz Kreisler, Jasha Heifetz, Yehudi Menuhin e outros grandes violinistas, as obras-primas daqueles artesãos italianos atingem o máximo de beleza e sonoridade. Já nas mãos de um instrumentista mequetrefe, nem mesmo a excelência de sua construção consegue impedi-las de infernizar quaisquer ouvintes, num raio de quilômetros.

A razão para essa cruel diferença é simples. O som do violino depende de sua estrutura: da madeira utilizada, do verniz, do formato e de outros pequenos segredos. Esse conjunto dará, àquele violino, uma voz própria e inconfundível até para os ouvidos menos aguçados. Mas este som, embora derivado do material e do modo como foi feito instrumento, não está ali, dentro dele.

Isso pode ser uma analogia muito útil para abordarmos uma situação atual e de interesse público: a polêmica, nascida nos meios acadêmicos e freqüentemente veiculada pela imprensa, entre os estudiosos que defendem a influência psicológica no comportamento humano e os que procuram, na intimidade do nosso organismo, as razões para nosso modo de ser. Embora esse antagonismo não seja recente, foi no século XX que ele ficou mais acirrado. De um lado, a abordagem psicológica sofisticou-se a partir da criação da Psicanálise e das demais formas de lidar com as dificuldades mentais nascidas depois dela – a Psicologia Analítica de C. G. Jung, o Psicodrama, a Psicoterapia Reichiana, a Psicodinâmica, as psicoterapias em grupos.

A partir da década de cinqüenta, os progressos na Psiquiatria e na Neurologia também foram notáveis. Além da descoberta de medicamentos capazes de atenuar diversas formas de sofrimento psíquico de modo cada vez mais eficiente, também aumentamos muito o nosso conhecimento sobre o funcionamento íntimo do cérebro que, tudo leva a crer, é a moradia de todas as nossas emoções.

Com esse progresso, formaram-se dois times extremamente fortes e bastante competitivos. Cada um deles, ao dar sua contribuição para o entendimento da vida, acaba puxando a brasa para a sua sardinha, dizendo saber qual a única e verdadeira causa das dificuldades que importunam nossa mente. Embora ambos lamentem a distinção que fazem entre mente e cérebro, ainda assim eles enxergam em separado aquilo que a Natureza não parece preocupada em distinguir.

É possível que essas duas correntes paralelas e, até o momento, antagônicas, venham a se reunir, no futuro, num curso comum e mais integrado do que já observamos hoje. O próprio Freud, fundador da Psicanálise, acreditava que isso aconteceria, mais cedo ou mais tarde.

Por hora, nada nos impede de pensar que a mente é o som que o cérebro produz. Seus componentes hão de ser decisivos para o resultado final, mas só quando tocado pelas mãos hábeis da vida, nosso cérebro será capaz de dar vida e sentido à mente que nele habita, produzindo uma sonoridade tão misteriosa, delicada, diabólica e fascinante quanto o faz um legítimo Stradivarius.

06/05/2001

TREINO É TREINO

O namoro é o *test-drive* do casamento. Ele permite, a um casal, orçar os custos e benefícios de seu convívio e formular, baseado nessa amostra, um prognóstico sobre as chances de um eventual matrimônio. Além disso, quanto mais nova a dupla, mais o namoro pode ser a primeira oportunidade para sair um pouco da barra da saia da família, permitindo uma vida social e amorosa mais adequada à idade e aos interesses dos jovens.

Namoros que oferecem margem salutar de descompromisso e liberdade, orlada por um agradável clima de véspera, podem conduzir à união estável e promissora, ou podem levar à separação com baixas doses de rancor e depressão.

Todavia este quadro ideal esta longe de ser encontrado. Na prática, muitos namorados costumam encarar este período de aquecimento afetivo com tanta angústia que acabam desperdiçando, no mínimo, bons momentos da vida. Como se fossem vestibulandos, cuja capacidade amorosa estivesse à beira de um teste capital, as suas preocupações quanto ao futuro do namoro suplantam até mesmo a ansiedade com a vida de casado – coisa que não pode ser atribuída à imaturidade ou à inexperiência dos praticantes, pois namorados já não muito jovens mostram-se tão ou mais ansiosos que os novatos.

Esse clima tenso, que contraria a expectativa de um namoro livre de maiores encanações, pode ser deflagrado à simples constatação de certas características pessoais de um parceiro que acarretem frustrações para o outro. A esse diagnóstico, segue-se o tratamento, à base de altas doses de negação, associada à onipotência, geralmente expressa na confecção de um projeto secreto, cuja finalidade é limar, da personalidade frustradora, aquela aresta incômoda, de preferência sem dar, ao parceiro, notícia alguma sobre essa psico-cirurgia estética e reparadora.

Como essa providência não costuma dar maior resultado, a reação seguinte é ruidosa e já meio desesperada. As acusações de indiferença e egoísmo começam a voar baixo entre o casal. As dúvidas sobre o amor de um para o outro crescem feito praga na horta e tornam-se moeda corrente em diálogos cada vez mais azedos. As suspeitas quanto à fidelidade começam a rondar o par, gerando um clima cada vez mais persecutório. Não demora e os namorados entram em pânico, sem nem mesmo saber direito como foi que todo o problema começou.

Grande parte dessa dor de cabeça poderia ser evitada se cada namorado repetisse a sábia máxima futebolística, atribuída ao mestre Gentil Cardoso: *"Treino é treino; jogo é jogo"*. Confundir namoro com casamento também provoca tensões, brigas e contusões inúteis e dispensáveis. Tal confusão nasce do excesso de sede que põe em risco os potes mais resistentes. Esta volúpia sedenta cega os namorados para aquilo que é mais valioso no namoro: sua faceta de amostra e de laboratório.

O lema *"tem que dar certo"* não compromete só planos econômicos. Ele também envenena a percepção. Um casal incompatível que cisma de namorar e daí constata sua incompatibilidade constitui um namoro que deu certo, pois cumpriu sua função experimental e avisou aos parceiros que não deviam passar do ensaio. Se uma evidência desse quilate for ignorada em nome de um amor que pode mais que tudo, é sinal que tal amor serve, muitas vezes, de mero pretexto para alguém continuar aporrinhando a si próprio e aos demais. Amar inclui sofrimento mas não se equivale a sofrer – confusão bem mais perigosa quem nenhum namorado deve cometer.

13/05/2001

CONFESSO QUE ROUBEI

O Salão da Criança era uma feira de produtos voltados para o público infantil, realizada anualmente, por volta da década de sessenta, no antigo Pavilhão de Exposições do Ibirapuera, depois na Bienal e, finalmente, no Anhembi. Embora fosse um evento honesto e inofensivo, foi ele o responsável pela minha estréia no crime. Tão mágico quanto o Salão era o seu logotipo: três balões, em vermelho, azul e amarelo, cada um com seu barbante, pairando no ar, lado a lado, tendo abaixo o nome do evento, em letra manuscrita. Ele figurava em decalques plásticos – outro ícone daquela época – colecionáveis e imprescindíveis para meninos da minha idade. Foi uma dessas peças (raríssimas, por sinal, mesmo para colecionadores obsessivos como eu) que encontrei, numa tarde de quinta-feira, pregado à porta da cristaleira de uma tia-avó, que visitávamos freqüentemente.

Não tenho como descrever o fascínio que me invadiu (e ainda hoje me arrepia) ao descobrir aquela preciosidade que todos os colegas do Colégio queriam, mas que nenhum possuía. Aquele decalque tinha que ser meu! Além do mais, minha tia-avó, uma sexagenária incrivelmente carinhosa, não mo haveria de negar, já que gostava muito de mim e todos os seus filhos já eram marmanjos adultos, para quem um decalque daqueles não devia ter mais nenhum valor.

Pensei em apanhá-lo e mete-lo no bolso, mas fui tomado de um terror tão profundo quanto profunda era a minha vontade de carregar a peça preciosa. Eu estava pensando em roubar, coisa inimaginável para mim, filho dos pais mais exemplarmente corretos que Deus pusera na terra! Então, tomei uma decisão impagável: resolvi pedir o decalque para minha tia e, se ela mo recusasse, eu passaria a mão nele assim mesmo. Ela, porém, deu-me aquela maravilha sem pestanejar, livrando-me da consumação completa dos meus pendores criminosos.

Este foi o início e o término da minha vida de facínora. Daquela tarde em diante, nunca mais pensei em furtar nada de ninguém. Acredito que devo este final feliz à honestidade e à generosidade das pessoas que me criaram. Sem isso, poderia ter sido mais difícil para eu suplantar a voracidade possessiva e normal da infância, cuja inocência inaugural pode degenerar em violência e corrupção, se não for cercada por exemplos retificadores, seja dos familiares, seja de toda uma sociedade.

Rara é a criança que nunca roubou ou pensou em roubar. Daí originam-se algumas das razões para que justamente os mais honestos fiquem paralisados frente à ladroagem, hoje em moda entre nós, a ponto de virarem cúmplices involuntários das crapulices mais descaradas. Ficamos à mercê dos picaretas, sem julgá-los nem puni-los exemplarmente, porque eles simbolizam, através da infantilidade comum aos ladrões, a criança sem limites que um dia fomos mas tivemos de abandonar (mesmo que os objetos de nossa volúpia nunca tenham passado de um decalque).

Leva anos para abdicarmos do prazer de possuir tudo que nosso desejo descobre. Qualquer pessoa sabe quanto dói esta renúncia. Por isso, honrar aos vigaristas com nossa compaixão injusta é oferecer pérolas preciosas a porcos sem mérito. Chegar a transformá-los em heróicos representantes de nossas frustrações mal-digeridas, equivale a trair a imensa dose de sacrifício, individual e coletivo, contidos em nossa honestidade. Reagir frente à corrupção com a impunidade generalizada é, além de tudo, um péssimo exemplo que jamais porá fim em carreiras criminosas que, de outro modo, não iriam muito além da estréia.

20/05/2001

O País nas Trevas

Além do desconforto e dos evidentes prejuízos econômicos, a atual crise energética tem potencial suficiente para infligir consideráveis danos emocionais. O risco iminente do famigerado apagão (neologismo abominável que, não bastasse suscitar indignação e incerteza, suscita também rimas escatológicas) vem cutucar, com vara curta e sem anestesia, nosso primitivo e conhecido medo do escuro.

Presente na infância de qualquer pessoa, o temor da escuridão foi também um provável companheiro da aurora da nossa espécie. Ele deve ter perdurado enquanto nossos ancestrais não foram capazes de manejar o fogo, a primeira fonte de energia e o primeiro passo na longa jornada rumo à civilização.

Passados uns pares de milênios, cá estamos nós, brasileiros, de novo às voltas com o perigo de mergulharmos em trevas que pareciam exclusivas de trogloditas. Como se a vizinhança de um colapso energético fosse pouco, o governo resolveu piorar ainda mais a situação, adotando medidas de truculência e hostilidade nunca vistas, embrulhadas num pacote repleto de ameaças aos contribuintes.

Neste cenário sombrio, o velho e surrado dito atribuído ao filósofo chinês Confúcio, volta a ter vez: "*Mais vale acender uma vela do que maldizer a escuridão"*. Com essas palavras antigas em mente, imaginei produzir uma lista de recomendações, palpites e lembretes. Somados, não chegam a perfazer sequer um bom conselho, mas tenho a discreta esperança que ajudem os leitores na produção de suas próprias palavras de incentivo para os momentos difíceis que se aproximam.

– Evitar desperdícios é um hábito salutar para qualquer momento ou situação da vida. Apesar de não ser um costume tão comum entre nós como, digamos, entre certos povos europeus, nada impede que as agruras momentâneas nos ensinem um pouco de comedimento com efeitos duradouros.

– Se é fundamental poupar energia das tomadas, mais importante ainda é poupar energia mental. Gastar tempo e paciência em milimétricas contagens de kilowatts/hora pode acarretar neuras e outros distúrbios, cujas seqüelas permaneçam até mesmo depois que as tomadas voltarem ao normal.

– Um povo que já foi obrigado a conviver com simonetas, tablitas, redutores, OTNs, congelamentos e confiscos, não pode alegar inexperiência na arte de sobreviver a caprichos tecnocráticos que produzem muito barulho por nada.

– Não é porque o governo adotou uma abordagem antipática e persecutória que somos obrigados a agir como cidadãos acuados. *"Grita o ladrão para espantar o patrão"*, ditado predileto de minha sogra, vem a calhar para esclarecer tais comportamentos que tentam transformar vítimas em culpados.

– Algumas noites sem televisão podem propiciar mais tempo para conversar e para um lazer de qualidade bem superior ao nível habitual da programação.

- O mítico Tirésias, o lendário Homero e o inesquecível Jorge Luís Borges são três exemplos de como a clarividência pode vicejar na escuridão da cegueira, justamente porque a luz às vezes engana a percepção com ilusões ofuscantes.
- Todos devemos fazer a nossa parte, colaborando conosco mesmos e com nossos concidadãos; nunca com autoridades indignas de tamanho sacrifício.
- Por fim, todos podemos usar lanternas, de dia e de noite, como fez o lendário filósofo grego Diógenes: à procura de pessoas confiáveis para substituir aqueles cuja imprevidência nos atirou nesta crise vexatória.

27/05/2001

As Damas da Noite

Marie Duplessis foi moça de origem pobre que se transformou em cortesã elegante, refinada e amante das artes. Além de bonita, era dada a extravagâncias que iam da frivolidade despudorada à generosidade imprudente. Badaladíssima entre os aristocratas parisienses do século dezenove, seu estilo de vida e sua morte prematura fizeram dela mais que uma lenda: virou personagem, sob o nome de Marguerite Gautier – a *Dama das Camélias* – pelas mãos de Alexandre Dumas filho.

Menos trágica foi Capitu – não a heroína de Machado de Assis, mas outra moça de origem simples e digna, que as durezas da vida transformaram na garota de programa que empolgou audiências numa novela das oito. Sobre ela recaíram as mesmas fantasias que cercaram aquela dama do Romantismo e seguem embalando os sonhos reprimidos de homens e de mulheres, quando o tema é a prostituição.

Idealizadas, temidas, exploradas, desejadas ou perseguidas, as prostitutas são alvo, ao longo de gerações, de sentimentos e atitudes contraditórias, não importa em que cultura exerçam a "mais antiga das profissões". Elas têm cadeira cativa no imaginário popular, tanto que estão entre os três verbetes mais recheados de sinônimos no dicionário de Aurélio Buarque de Hollanda (os outros dois termos campeões são diabo e cachaça). Tudo que se diga sobre elas já deve ter sido dito, mas sempre resta um mistério que repele e atrai as pessoas por onde elas passam. Esse mistério alimenta-se de ingredientes simples, encontrados em qualquer sociedade: opressão feminina, pobreza e repressão sexual. Conjugados, eles criam o terreno favorável ao florescimento da troca de sexo por dinheiro, essência dessa atividade realmente antiga (embora o ofício de curandeiro, origem comum dos sacerdotes, dos médicos e até dos psicanalistas, seja um forte concorrente ao posto de decano entre as profissões).

Conhecer os fatores que propiciam o surgimento da prostituição nem de longe esgota o fascínio, benigno ou assustador, que estas mulheres exercem sobre todo mundo. Esta reação quase universal, quer se evidencie como ternura, quer se manifeste como hostilidade, é muito mais creditável às fantasias que alimentam a mente das pessoas a respeito das mulheres cuja profissão é manter relações sexuais.

Elas são vistas como as catedráticas do sexo. Imaginamos que tem o domínio absoluto sobre os segredos do prazer, que podem sentir e provocar orgasmos com um piscar de olhos, que conhecem de cor e salteado todas as táticas libidinais, que tem salvo-conduto para praticar tudo quanto é sacanagem disponível no mercado, quando não inventam ainda mais algumas, de sua lavra, novinhas em folha.

As prostitutas parecem realizar, sem qualquer esforço e com exímia habilidade, uma tarefa tão difícil quanto desejada pela maioria da população. Desta crença lendária emana boa parte do seu duradouro encanto. Ele é constantemente alimentado, como podemos ver, pela insatisfação reinante na Civilização, que nos cobra, em troca do seus tesouros, o refreamento do nosso furor instintivo.

Num cenário como esse, as prostitutas exercem, mesmo sem saber, o amargo papel de válvula de escape das nossas paixões mais recalcadas. Daí ficarem segregadas nos becos, escondidas nos guetos escuros e nos calabouços, envoltas numa aura de magia da qual, elas mesmas, nada sabem. Para elas, só resta suportar a árdua jornada, driblando a miséria para sobreviver, mercando o que não tem preço, nem poderá ser vendido jamais: a generosidade ilimitada do seu sacrifício anônimo.

Rio Corrente

Toda vez que tentamos apreciar alguma obra inacabada, sentimos uma espécie de pena ao imaginar que ela parou pela metade, por razões diversas, sem consumar a aspiração, do autor ou nossa, de ficar pronta, inteira e completa, deixando-nos desprovidos de um prazer maior do que obtemos ao apreciar somente uma parte do que ela poderia ter sido. Assim ocorre com alguns esboços de Leonardo da Vinci, com o restante perdido da *Poética* de Aristóteles, com a Igreja da Sagrada Família de Gaudi e com a Sinfonia em dó menor de Schubert (conhecida como *Inacabada*).

No início do século XX, James Joyce subverteu, com seu insólito romance *Finnegan's Wake*, nossa expectativa milenar de finalização. Narrando, de maneira incrível, a incrível história de um personagem que morre e ressuscita, o genial escritor irlandês associou o conteúdo à forma de um projeto que ele tinha em mente e deu novo sentido à criação artística: o conceito de "obra em movimento" (*work in progress*, como ele dizia).

Seamus Dean, estudioso de Joyce, abre um comentário sobre *Wake* alertando-nos que o livro é ilegível. Antes que o leitor ressabiado desista, ele esclarece: esta ilegibilidade deve-se à ruptura, promovida pelo autor, ao resumir e condensar, nas páginas do romance, um painel gigantesco da tradição literária ocidental.

De fato, a cada nova leitura, mesmo de um único parágrafo desta obra desafiadora, salta aos nossos olhos um sentido novo, como se as palavras realmente adquirissem vida e se movessem constantemente diante de nós, transformando o susto em puro prazer. Mas esta introdução do crítico não refresca a vida do leitor ousado e decidido a embarcar nas reviravoltas do rio corrente que brota desde as primeiras letras do romance de Joyce. A linguagem é difusa, estranha, não propriamente hermética, mas confusa, quer no sentido de parecer desconjuntada, quer no sentido de provocar confusão e angústia. Por isso muito marujo valente salta do barco no meio da leitura: a ansiedade logo salta das folhas e pega-lhe na alma.

Se tentássemos dar um significado definitivo a essa obra de Joyce ou de qualquer autor genial, só para torná-la mais compreensível e atenuar nossa aflição ou nossa ignorância frente ao inacabado, estaríamos desvirtuando sua natureza, até quase matar sua originalidade, potência e capacidade de manter-se sempre viva. Que dizer então quando tentamos repetir esse gesto tranqüilizador mas potencialmente homicida com um ser humano, resumindo suas inúmeras possibilidades de ser a meia dúzia de palavras formuladas à pressa, muito mais para nos tranqüilizar do que para o compreender?

"O senhor... Mire e veja: o mais importante e bonito, do mundo, é isto: que as pessoas não estão sempre iguais, ainda não foram terminadas – mas que elas vão sempre mudando [...] Isso que me alegra, montão" dizia o jagunço Riobaldo, no Grande Sertão de Guimarães Rosa. Assim somos todos, desde o ventre materno: obras em constante mutação, sempre por cumprir nosso destino transformador do novo em novíssimo, sem alterar o fio condutor de nossa identidade e nem trair nosso talento para a renovação.

A força do viver faz de nós obras "ilegíveis". Não podemos ser capturados para sempre na mesma definição estática. Colocar um ponto final nessa evolução sem fim faria encerrar, antes da hora, a única realização que temos a oferecer ao mundo: nossa natureza em constante movimento, que só pode conquistar sentido e liberdade na sua vocação para ser eternamente inacabada.

PALAVRAS AO VENTO

Um judeu passava quase todo o dia sentado numa taverna. Perguntado porquê, ele explicou: "*É por causa da minha mulher: ela fala o tempo todo!*" "*Mas o que tanto ela fala?*", insistiram. E ele respondeu: "*Ah, isso ela não me diz...*" O filósofo alemão Martin Heidegger, que ironizava o hermetismo de sua própria linguagem, ao ouvir esta piada, comentou: "*É assim mesmo...*"
   A anedota certamente padece de uma forte dose de preconceito, ao insinuar que a tagarelice desprovida de conteúdo é atributo exclusivo das mulheres, pois a experiência mostra que ambos os sexos são capazes desta prestidigitação verbal. O mesmo ocorre com a auto-ironia do filósofo, que pode supor, nas mais elevadas contribuições para o pensamento humano, a presença do truque do falar sem dizer.
   Foi a atual hipertrofia da vida pública que mais contribuiu para elevar o blá-blá-blá, antes reservado ao universo íntimo, à categoria de língua oficial. O poder da mídia e sua metodologia são fatores decisivos para a difusão desse idioma vazio que encanta ou enerva, conforme encontre mentes vazias ou recheadas pela frente.
   Movidos pelo desejo de informar e de debater questões relevantes, muitos veículos de comunicação abordam pessoas a respeito de tudo quanto é assunto. Animados pela democratização

da oportunidade à palavra, nem sempre dão maior bola à capacitação do entrevistado, quando não elegem, propositalmente, pessoas cujo domínio do tema abordado promete ser escasso, visando um efeito humorístico de gosto duvidoso. Eu mesmo passei por uma experiência dessas. Há alguns anos, enquanto matava o tempo de uma tarde de feriado com minha família, numa praça nas cercanias de minha casa, fui abordado, de repente, por uma repórter que, de microfone em punho e escudada por um cinegrafista, já focalizando minha cara de imbecil espantado, disparou, na lata, esta pergunta: "O que é elegância, para você?"

Sou incapaz de lembrar uma palavra sequer das tantas que balbuciei, num arremedo de resposta, rezando para que aquela idiotice, que me escapava por entre os lábios, à minha total revelia, não fosse ao ar, engrossando a lista de besteiras dos programas de humor que mencionei há pouco.

Hoje, se vejo um repórter encurralar um par da República com uma pergunta comprometedora, não posso evitar um discreto sentimento de solidariedade com o encurralado (mesmo que o tipo seja suspeitíssimo das maiores maracutaias) pois sei, desde aquela tarde, como é duro resistir à tentação de dizer o que quer que seja quando estamos diante de um microfone ou de uma câmera.

Ao mesmo tempo, é desesperador imaginar que, por trás das lentes de um aparelho óptico aparentemente inofensivo, milhões de pessoas *podem* estar testemunhando e avaliando nossa opinião. Não aquela que, mesmo ruim, nasce da paciente e milimétrica ourivesaria da escrita, mas sim de palavras caçadas com urgência na memória, para nos socorrer na produção de um discurso lógico, compreensível e (inútil negar nossa pretensão subterrânea) brilhante.

É assim que, devido ao imediatismo superficial e ao narcisismo típicos de nossa era moderna, reproduzimos, sem querer, o verso do franciscano: *tum podex carmen extulit horridulum* (literalmente, produzir flatulências pela boca) numa escalada e numa virulência tóxica que espantam os interlocutores mais tolerantes e fariam aquela esposa da piada corar de vergonha.

DISCUTIR A RELAÇÃO

Discutir a relação é uma das atividades mais emblemáticas da vida amorosa contemporânea. Impensável há menos de uma geração atrás, essa espécie de controle de qualidade conjugal tornou-se quesito obrigatório para os casais progressistas, responsáveis e emocionalmente maduros. Negar-se a discutir o vínculo denota um total descompasso com as conquistas da modernidade, exprimindo comportamento retrógrado, autoritário, insensível, geralmente machista, estreito e jurássico.

Imaginemos, pois, um casal moderno. Ambos trabalham. Repartem despesas e afazeres domésticos. Repartem também a educação dos filhos. Não descuidam de suas atividades de lazer, nem de seu aprimoramento profissional. Praticam exercícios físicos e não dispensam uma certa atenção à vida sexual. Onde diabo este casal encontrará tempo livre para, depois de toda essa ralação, discutirem sobre seu relacionamento? Durante as madrugadas? Nos fins-de-semana? Nas férias?

A resposta mais correta é: o tempo todo. "Mas como" – perguntará o leitor incrédulo – "se estão, todo o tempo, empenhados em tarefas cotidianas, muitas delas comezinhas, tais como ganhar dinheiro, levar fedelhos para a escola, malhar para evitar o infarto e até transar? Não será mais importante deixar todo esse corre-corre banal de lado e mergulhar de cabeça na discussão profunda, visceral e ilimitada de seu vínculo ameaçado pela estupidez da realidade burguesa?" Bem, isso depende: se a atividade insana que caracteriza os casais modernos e normais for tomada a sério, então eles terão uma relação real sobre a qual discutir. Mas se eles acham que uma relação de verdade mora numa outra dimensão, distante dos trabalhos e dos dias, terão no máximo uma discussão sobre coisa nenhuma. Apesar disto ser muito desgastante e pouco eficiente, é fácil de se conseguir (aliás, é o que os casais mais fazem quando pensam que discutem sobre si mesmos).

A primeira bobagem a respeito da chamada discussão sobre a relação repousa na crença ilimitada que muita gente nutre pela força das palavras. Pode parecer um contra-senso que justamente um psicanalista venha advogar contra um fundamento do seu ofício. Mas só quem sabe medir a potência do discurso reconhece que uma simples conversa tem poucas chances de conseguir qualquer efeito num prazo tão curto quanto aquele que dispomos para uma conversa única. O efeito das palavras só ocorre (quando isto é possível), ao longo do tempo paciente de inúmeros diálogos, onde conta não só o dito, mas também o ouvido, em igual proporção e importância.

A segunda tolice sobre o mesmo tema ignora que, no campo da comunicação emocional, há muito a se dizer sem usar palavras, principalmente se pensarmos num casal que realmente vai aprimorando seu conhecimento um do outro, ao longo de seu convívio. Os gestos costumam ser, neste contexto, tão ou mais eloqüentes e eficazes que as palavras, para manifestar aprovação, descontentamento, preocupação ou esperança.

Quando qualquer membro de um casal de namorados, cônjuges ou amantes, propõe formalmente uma discussão nesses termos, a primeira pergunta a fazer é o que se passa com a comunicação entre ambos que impede o diálogo constante e imperceptível, que chamamos de sintonia afetiva – o mesmo tipo de conversa que as mães tem com seus bebês muito antes que estes sejam capazes de falar. Pois sem um mínimo deste bate-papo silente, ligando um par amoroso, não há par, nem amor, nem relação alguma que mereça o tempo precioso de uma discussão a sério.

As Sementes da Loucura

O filme *Brilhante*, exibido há poucos anos, contava a história David Helfgott, pianista australiano cujo talento promissor foi atingido em plena decolagem pela eclosão de um quadro esquizofrênico devastador. O roteiro, baseado numa série de depoimentos do próprio artista e de sua esposa, foi acusado de parcialidade pois praticamente condenava o tirânico pai de David como culpado pela doença do filho.

O cavalheiro em questão queria porque queria que seu menino fosse mais do que um simples virtuoso do teclado: exigia dele dedicação exclusiva ao monumental Concerto nº 3, em ré menor, do compositor e pianista russo Sergei Rachmaninoff – uma das mais intransponíveis obras já compostas para o piano. No desfecho de sua interpretação de estréia dessa mesma peça, Helfgott entra em colapso.

A teoria defendida pela narrativa tem, contra si, poderosos antecedentes. Pais como Lepold Mozart e Johann van Beethoven nunca deram moleza aos seus filhos Wolfgang Amadeus e Ludwig. Apelaram tanto para chantagem emocional como para o porrete quando queriam aprimorar o talento musical de seus filhos. Nem por isso aqueles dois meninos sofreram um abalo comparável ao que vitimou Helfgott.

O ponto de vista do enredo, mesmo que discutível pela Ciência, pode servir de alerta para a conduta de pais e filhos. Esse aviso de mão dupla indica: os pais não devem tentar realizar suas aspirações através dos filhos e estes não devem assumir a tarefa de realizar desejos dos pais. Ambas tentativas resultam inúteis e, de quebra, arriscam a saúde mental dos envolvidos.

Mesmo assim, não há pai nem mãe neste mundo que não trace ao menos um leve esboço de futuro para os membros de sua prole. Nesses projetos, ao lado de informações de vários tipos, sempre existem alguns desejos pessoais que os pais injetam na mente dos filhos, conscientemente ou não.

Até aí, nada de mal. A transfusão de desejos é um fenômeno normal e necessário para o desenvolvimento emocional de qualquer indivíduo. Ela transmite, a cada novo rebento, a herança de uma família e, através dela, de toda a espécie. Essa atitude universal e imprescindível torna-se nociva quando é usada para inibir o progresso dos filhos, subjugando-os ao invés de emancipá-los.

Quando os pais tentam impor suas expectativas aos filhos, sob um regime caracterizado por rigidez, intolerância e pouca criatividade, podemos suspeitar que algo de ruim esteja se configurando. Na maioria das vezes, uma extensa carga de frustrações mal elaboradas pesa no lombo dos pais e levá-os a tentar transformar os filhos em defensores de sua felicidade fracassada.

Ao mesmo tempo, a perspectiva de que alguém venha a triunfar no mesmo campo que lhes custou uma dolorosa derrota, pode aterrorizar os pais. Sem que percebam, passam a boicotar o esforço dos filhos ou a exigir deles cada vez mais, criando uma atmosfera paradoxal, enlouquecedora e fortemente destrutiva.

Imaginar que um filho venha a tornar-se isto ou aquilo não deixa ninguém maluco. Lançar-se na empreitada de consolidar esses projetos a ferro e a fogo, sem considerar capacidade, natureza e desejos dos filhos, é que costuma produzir catástrofes domésticas. Para prevenir desfechos trágicos como o exposto em *Brilhante*, o psicanalista inglês Donald W. Winnicott (1896-1971) aconselhava-nos a cuidar de nossos filhos quase como cuidamos das plantas: regando-os com amor, atenção e alimento. O resto fica por conta da natureza de cada um deles.

DRIBLANDO O AMOR

No amor, como no futebol, deveria valer a máxima do técnico e mestre Gentil Cardoso: *"Quem se desloca, recebe. Quem pede, tem preferência."* Para os menos versados nas intimidades do esporte, cabe explicar o sentido deste conselho. Ele sugere que o jogador, quando estiver de posse da bola, deve passá-la para um companheiro livre de marcação.

Infelizmente, nem sempre futebolistas e amorosos obedecem aos ensinamentos destas sábias palavras. Há, contudo, uma notável diferença quanto às conseqüências desta desobediência: se no campo de jogo ela pode acarretar o desencanto da derrota, no campo amoroso ela pode conferir, à relação, um toque de encanto irresistível. De fato, há vezes em que, quanto mais o objeto de nosso amor estiver debaixo de marcação cerrada, mais a gente lhe dá bola.

Assim como existem homens que preferem as louras, há um montão deles que só querem saber das difíceis. Somente as mulheres cercadas por uma cortina de obstáculos espinhosos conseguem despertar neles aquela mistura incomparável de desejo e proibição que atiça e cativa os corações românticos e audaciosos.

Tomo aqui por base o ponto de vista subjetivo masculino apenas porque estou obviamente mais familiarizado com esta posição. Eleger pessoas de difícil acesso para amar é um comportamento igualmente encontrado entre homens e mulheres. O que conta, nestes casos, muito mais do que o sexo do eleitor, são as circunstâncias dificultosas, quaisquer que sejam, em que a eleita estiver metida.

Só para o leitor fazer uma idéia de como essa situação é comum, lembremos que ela originou até uma técnica muito difundida e tida como infalível para fisgar um pretendente. "Fazer-se de difícil" é o que aconselham as pessoas mais experientes para dissuadir aquelas jovens prestes a saltar nos braços de seus enamorados. O pior é que esse expediente funciona mesmo, quando é o caso de fisgar justamente o tipo de pessoa que estou tentando descrever. Já para completar a pesca, a coisa muda.

Um homem que corteja uma mulher só porque ela parece inacessível procede de modo quase idêntico a outro que paquere uma moça rica, mais de olho no dinheiro dela do que em seus outros atrativos. Embora o primeiro seja exaltado como herói e o segundo, desprezado como pilantra, ambos não são atraídos pela figura das mulheres, mas sim pelo fundo que as envolve e os excita.

Apesar do grande fascínio destas paixões recair sobre o charme da proibição, isso não quer dizer que as características pessoais das proibidas não contem. A personalidade delas são fatores importantíssimos, mas deixam de ser a pintura a ser admirada, reduzindo-se ao papel de moldura de luxo.

É por razões como essas que tais excitações frenéticas duram o tempo exato que demora uma conquista. Uma vez que ela se consume e desmoronem os obstáculos que impediam a realização do amor, desaparece a magia responsável por toda tenacidade intrépida daquele amante indômito, cujo sentimento nobre murcha, até reflorescer junto à outra muralha intransponível.

As mulheres que se deslocam e pedem não tem a preferência destes homens por que, para eles, a presença da marcação implacável tornou-se marca indelével do desejo. Mulheres livres logo ficam em impedimento, pois não proporcionam, a eles, o prazer de continuar driblando, nos gramados inconscientes, o mesmo zagueiro que vigiava suas mães e ainda os impede de marcar pontos no jogo do amor.

Em Defesa da Psicodiversidade

Qualquer pessoa muito diferente de nós constitui um questionamento automático ao nosso modo de ser. Um político honesto é uma crítica ambulante à corrupção, o sujeito materialista incomoda o crente sem dizer uma palavra, o homem alegre compromete o prestígio dos carrancudos, o perdulário faz o gastador comedido sentir-se um mão-de-vaca, e assim por diante. Neste panorama, fica mais claro porque a convivência com os opostos costuma ser tão custosa.

Tudo issso acontece por causa do narcisismo normal do ser humano. Ele faz com que olhemos para nosso próximo buscando, em sua fisionomia emocional, um reflexo de nós mesmos. Como nem todas as pessoas tem o mesmo jeito, vamos formando, inconscientemente, clubes *privé* onde só entram sócios parecidos conosco. Lá ficamos à vontade, como numa galeria de espelhos, até aparecer alguma ave rara e estranha nesse ninho tão bem construído.

Seu vôo rasante não escapa ao nosso radar sensível. Para evitarmos que sua discrepância venha ferir nossa paz narcísica, começamos a cortar suas asinhas discretamente, na tentativa de moldar esse pássaro dissonante à nossa imagem e semelhança. Mas se o bicho reage e esperneia em protesto de sua independência de ser, logo ficamos ameaçados, como se aquela originalidade assustadora desafiasse nossa mesmice. Então reagiremos com hostilidade e ressentimento, prontos para expulsar o tipo estranho do nosso paraíso posto em perigo.

Esse procedimento psicofascista, tão velho quanto a Humanidade, já vitimou jovens, artistas, revolucionários, religiosos, ideólogos, filósofos, homossexuais e etnias inteiras que pagaram e ainda pagam, com a liberdade ou com a vida, pelo simples fato de serem diferentes de um modo de ser arbitrariamente concebido. Embora o sacrifício individual de todos eles não possa ficar em segundo plano, não podemos esquecer que algo maior é atacado quando se investe contra alguém por causa de sua diferença. Trata-se da psicodiversidade.

Inútil o leitor dar-se ao trabalho de procurar no dicionário o significado deste termo: fui eu mesmo que o inventei. Parodiei o verbete de uma enciclopédia moderna que definia o sentido de biodiversidade e propus que psicodiversidade é a *grande e excepcional variedade psicológica de pessoas existentes pelo mundo*. Bolei esse neologismo pessoal a partir do meu convívio, no trabalho e na vida, com tudo quanto é tipo de personalidade imaginável, a ponto de não conseguir classificar, duas apenas que fossem, na mesma categoria.

Não fiquei só na invenção. Imaginei a psicodiversidade como um indicador de vitalidade e saúde psíquica de qualquer grupo, desde famílias até uma nação. Pensei que esse índice mediria também o grau de tolerância desse grupo, sua capacidade para conviver com tensões e crescer através delas. Considerei como isto seria decisivo para abrir as portas do futuro para toda a sociedade e como seria utópico esperar que houvesse um grupo em condições de reagir tão bem assim.

Defender a psicodiversidade é muito difícil. Requer virtudes raras no cotidiano: renúncia, modéstia, desapego. Exige trabalho para conhecer, esforço para entender e mais energia ainda para aceitar alguém muito diferente de nós. Resta, porém, um consolo frente a tamanho desafio: só quem deixa soar a voz dos dissidentes pode ouvir algo mais além do canto uníssono e monolítico dos ecos de si mesmo, para curtir o som inigualável, raro e quase celestial da verdadeira harmonia do mundo.

DEBAIXO DO SENTIDO DA VIDA

Mal aprendem a formular suas primeiras frases, as crianças começam a bombardear os pais com uma série incansável de perguntas, sobre os mais variados temas. Essa explosão inaugural de curiosidade engloba desde assuntos incômodos para muitos pais, como a origem dos bebês e os mistérios do sexo, até as trivialidades cotidianas. As perguntas costumam ser feitas mais de uma vez, como se expressassem um apetite renovado e insaciável. Conforme o desenvolvimento vai operando as suas transformações de praxe, muito dessa curiosidade volta-se para os instrumentos habituais de aprendizado. Os pequenos inquisidores lançam-se a investigações pessoais nos livros, com outros adultos e com amigos, na Internet, na televisão, e assim por diante. Esta fome de respostas pode durar toda a vida, mas costuma comportar-se como a fome biológica: some após as refeições satisfatórias, para reaparecer tempos depois. Deste modo, propulsiona cada um de nós na rota do conhecimento.

Existe, todavia, uma espécie de distúrbio desta sede de saber. Alguns dos antigos perguntadores não transformam a energia original de sua curiosidade em trabalho investigativo. Ao invés disso, começam a incomodar-se com questões sem resposta aparente, dando início a um processo inicialmente angustioso e, por fim, torturante.

Pessoas assim começam a ficar assombradas, desde a infância, com indagações cujo formato faz crer numa alta capacidade psíquica precocemente desenvolvida, dada a natureza aparentemente elevada dos questionamentos em pauta, tais como: Porque vivemos? Porque morremos? Deus existe? O que as mulheres desejam? Há vida em outros planetas? As principais diferenças entre este perguntar e o questionamento comum são: o conteúdo quase sempre metafísico das indagações; a alta dose de angústia que acompanha cada questão e, sobretudo, a insatisfação frente a qualquer tentativa de resposta (o que desperta sentimentos de desânimo, impotência e raiva naqueles que tentarem oferecer qualquer tipo de auxílio a estes indagadores atormentados, imediatamente castigados com o rótulo de "perguntelhos").

A questão favorita deste tipo de pessoa é: Qual o sentido da vida? Ela surge, categórica e imperiosa, como se fosse uma mistura de arcanjo justiceiro com esfinge mítica. Ou bem o coitado responde a esse monstro impiedoso ou perderá o direito à existência, ficando exposto ao limbo do não ser ou ao suicídio compulsório.

Todas as respostas científicas, filosóficas ou religiosas existentes (mesmo algumas inventadas na hora) não parecem dar conta do desespero que invade estas mentes neurotizadas. Inútil argumentar que cada um de nós responde, a nosso modo, essa pergunta; ou que damos sentido a nós mesmos através de nossa postura ao longo da vida: a sensação de angústia continua sem dar trégua ao infeliz.

Quando alguém tropeça em dificuldades para obter uma resposta, pode começar a sair dessa sinuca se examinar melhor como esta formulando sua pergunta. Debaixo das perguntas pelo sentido da vida, alguém pode estar perguntando qual é o sentido da sua própria vida. Pode estar argüindo, ansiosamente, aos seus pais: "*Por que me conceberam? Foi por amor ou por descuido? Não se arrependeram? Gostam mesmo de mim?*" Se o caso for este, somente uma resposta afetiva será efetiva e não soará deslocada e insatisfatória aos ouvidos desse perguntelho inveterado.